妊娠したら、さようなら

女性差別大国ニッポンで苦しむ技能実習生たち

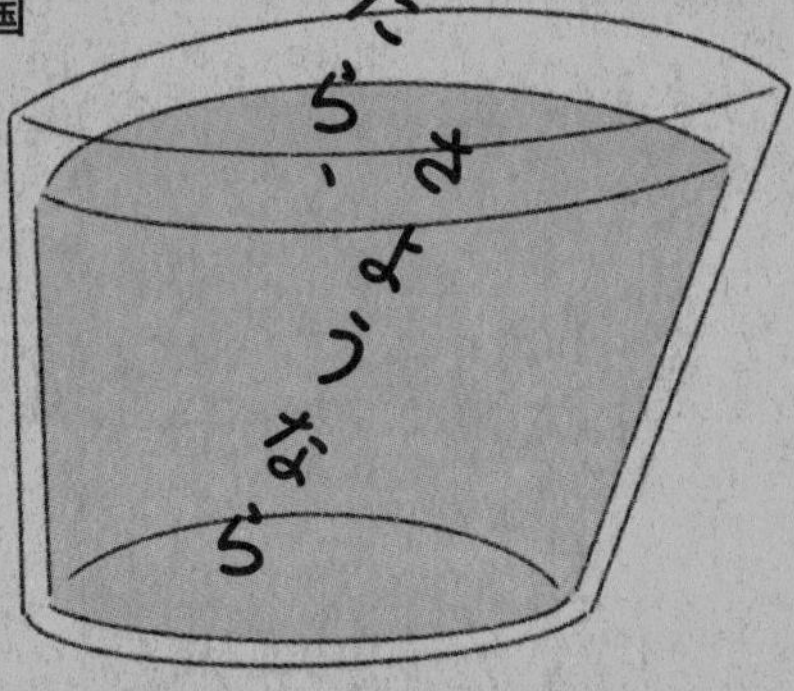

吉水慈豊

集英社インターナショナル

はじめに――繰り返される悲劇

「残業した分の給料を支払ってくれません。どうしたらいいでしょう？」

「会社に黙って逃げてきました。ほかに行く場所がありません」

「社長から毎日のように『役立たず、ベトナムへ帰れ！』と言われます。これ以上、ここで働きたくありません」

「社長に殴られました。助けてください」

「突然、解雇されてしまいました」


ＮＰＯ法人「日越《にちえつ》ともいき支援会」には、ベトナム人の技能実習生や特定技能外国人、留学生から、ＳＮＳのメッセージ機能を介して昼夜を問わず、さまざまな相談が舞い込んでくる。なかでも切羽詰まったメッセージは、彼らが一日の労働や学業などを終えて自宅に戻り、一人になった深夜の時間帯に届くことが多い。

もし自分だったら、と考えてみる。異国の地で、身近に頼れる人はおらず、面識のない相手にSOSを送ることしかできない、心もとない状況を。

もちろん、そんな切迫したメッセージばかりではなく、日本の暮らしにまつわる些《さ》細《さい》な相談や、技能実習制度・特定技能制度・留学制度に関する手続き上の疑問、ときには「あなたのお母さんじゃないんだから、そのくらい自分で調べてなんとかしなさいよ！」と言いたくなるような、子どもじみた質問もある。裏を返せば、そんな簡単なことでも自分で考え、調べることすらできない若者もいるということだ。

こうしたメッセージは、緊急性や専門性が高いかどうかで振り分けられ、日本人とベトナム人のスタッフが手分けして対応していく。

二〇二〇年一月にNPO法人としてスタートを切って間もなく、世界は新型コロナウイルスの感染拡大という未曾有《みぞう》の事態に襲われた。それとほぼ時を同じくして、目に見えて増えてきたのが、妊娠・出産にまつわる相談案件だった。

「妊娠したことを伝えたら、会社を辞めさせられそうです」

「妊娠を理由に、契約を更新してもらえませんでした」

「産みたいけれど、仕事を続けたいから会社には言いたくありません」

では、なぜコロナ禍を機に増えてきたのか？

それまで妊娠した技能実習生たちのほとんどは、私たちのような支援団体に相談するという選択にたどり着く前に、監理団体（技能実習生を監督する機関）や彼らを受け入れている企業などに〝使いものにならなくなったコマ〟とみなされ、問答無用でベトナムに送り返されていたからだ。彼女たちは抵抗する術《すべ》を持たず、場合によっては「妊娠してしまった自分が悪い」という罪の意識まで抱えながら、ひっそりと日本をあとにすることしかできなかった。

しかしパンデミックが、事情を変えた。特にコロナ禍初期、ウイルスが得体の知れない存在として猛威を振るっていたとき、各国の国境が実質的に封鎖されたことにより、妊娠したベトナム人女性を送り返すことも、それに代わる新たな要員をベトナムから迎え入れることもできなくなってしまったのだ。

皮肉な話だが、コロナ禍でベトナムに帰れなくなった〝おかげ〟で、彼女たちから私たちのもとにSOSが届き、問題が明るみになった部分は大いにある。それらの相談に応じるうちに、在日ベトナム人のSNSコミュニティなどで情報が広がり、いつしか日越ともいき支援会は〝妊婦の駆け込み寺〟としての側面を持つようになった。

ベトナム人技能実習生の妊娠・出産というと、ショッキングなニュースを思い浮かべる人もいるのではないだろうか。

新生児の死亡・遺棄事件だ。

ここ数年で起こった以下の六つの事件はすべて、ベトナムから来た技能実習生によるものだ（事件当時の年齢を記載）。


二〇二〇年四月、岡山県津山市の住宅団地の浄化槽から胎児の遺体が見つかり、二二歳の女性が死体遺棄の疑いで逮捕された。女性は堕胎薬を服用して、妊娠四〜五カ月の男児を堕胎後、居住していた団地のトイレに流した疑いが持たれた。警察の調べに対しては「技能実習生の身分で妊娠したとなればベトナムに帰されてしまうことから、堕胎を決断した」と供述。のちに不起訴処分となっている[*1]。

同年一一月、広島県東広島市の農業関連の会社で野菜作りに従事していた二六歳の女性は、周囲に妊娠していることを隠し続けたまま、会社の寮として使われていた住宅で女児を出産。誰かに気づかれることを恐れて、泣きやまない赤ちゃんの口に粘着テープを貼る。そして、出産時に自分の身体についた血を洗い流して戻ってくると、赤ちゃんはすでに息絶えていた。遺体は段ボールに入れて庭に埋め、ベトナムの古くからの風習に倣《なら》って〝土葬〟した。なお女性は、妊娠を自覚してから中絶するために病院を訪れ、その後、胎児の状態を心配して病院を再訪したものの、言葉が通じないことを理由にどちらも受診を拒否された、と主張している。[*2]

同年同月、この事件のわずか数日後には、熊本県芦北町《あしきたまち》で二四歳の女性が、自宅で死産した双子の男児の遺体を、同じように段ボール箱に納め、自宅に置いていた。女性は翌日、医師にそのことを報告しているが、死体の扱いが死体遺棄罪にあたるか否か、最高裁まで持ち込まれたこともあって、世間的にも大きな注目を集めた。結果、女性は逆転無罪の判決を言い渡されている。[*3]

二〇二三年四月、再び東広島市で一九歳の女性が死体遺棄の疑いで逮捕・起訴される。女性は来日前から妊娠の可能性を自覚していたが、技能実習生になるために借りた多額のお金を返済できなくなることを恐れて、実習が始まり妊娠がわかっても誰にも相談できなかった。そして、会社の寮の浴室で出産。産後間もなく亡くなったと見られる男児の遺体を、空き地に穴を掘って埋めている。[*4]

同年五月、兵庫県丹波篠山市《たんばささやま》で下水道業者がマンホール内を点検していたところ、ゴミとともに水に浮いた遺体を発見する。同市内で働く二一歳の女性が会社の寮で出産後、トイレに流したその遺体は、身長わずか二五センチほど、体重約二四〇グラムの小さな男の子だった。女性は、妊娠すると帰国させられるというインターネットの情報を信じ、妊娠・出産の事実を隠し通そうと行為に及んだようで、「怖くて、怖くて、こんなことをしてしまいました」と容疑を認めた。[*5]

二〇二四年二月には、福岡市の弁当製造会社で働く二〇歳の女性が、死体遺棄の疑いで逮捕されている。交際相手の部屋で男児を死産した女性は、遺体をポリ袋に入れて部屋のゴミ箱に捨てたが、交際相手は留守にしており、妊娠していることも知らなかったという。女性は監理団体から、妊娠したら帰国させると警告されていたと主張。しかし監理団体は、そのことを否定している。[*6]

同じような事件が、短い期間で、なぜこう何度も起こってしまうのか。事件の悲惨さだけを見て、彼女たちを断罪することは簡単だが、たまたまベトナム人技能実習生だったのではない、何かしらの理由がそこにはあるはずだ。

そしてコロナ禍を機に、妊娠・出産に関する相談が私たちに多く寄せられるようになり、当事者とともに関係機関と調整や交渉を重ねていくうちに、さまざまな問題が見えてきた。今まで雇い止めや強制帰国をさせられても、本国に戻ってしまえば、すべてはなかったこととして声を上げることさえできなかった彼女たちが、一体どんな目に遭っていたのか、ようやく具体的に知ることができるようになってきたのだ。

外国人技能実習制度は、日本で習得した技能や知識を持ち帰って母国で生かしてもらう――つまり開発途上国への国際貢献や国際協力が目的であるとされてきた。しかし実態は、技能実習とは呼べないような単純労働だったり、劣悪な環境で働かされたり、実習という名目で足元を見た低賃金で残業代も支払われなかったり、パワハラ、セクハラ、人種差別などが横行。〝現代の奴隷制度〟と呼ばれるなど、諸外国からも非人道的だと批判されてきた。こうした技能実習の実態と繰り返される胎児・乳児死体遺棄事件は一見、別の話のようにも思えるけれども、決してそんなことはない。

言うまでもなく、私は技能実習制度のすべてが問題だとは思っていないし、悪質な監理団体や受け入れ企業は少数派だ。同様に、多くの技能実習生は真面目に働き、雇い主と良好な関係を築いている。けれども、先のような痛ましい事件が起こることで、技能実習生という存在そのものが色眼鏡で見られてしまう現実もある。

そして何よりも、希望を持って日本にやってきたベトナム人が、ひどい目に遭っている例を私はこれまで数多く見てきた。

この本では妊娠・出産に焦点を絞って、私たちの駆け込み寺へやってきた技能実習生と、その上位の在留資格に相当する特定技能外国人、さらには条件付きで就労も許されている留学生たちの事例を紹介している。

さまざまな課題を抱える技能実習制度を廃止し、それに代わる「育成就労制度」を新設する法律が、二〇二四年六月に国会で可決・成立した。新制度は二〇二七年までに施行される見通しだが、はたして〝改善〟なのか〝改悪〟なのか、あるいは実質的には大きな変化を期待できない制度なのか。技能実習生や特定技能外国人の支援に長く携わってきた立場から、考えてもいきたい。

妊娠を理由に社会で不当な扱いを受けること、妊娠・出産を外圧にコントロールされることは、立場を問わずあってはならない。

想像してみてほしい。自分が、もしくは自分の大切な誰かがそんな目に遭ったら、どう感じるかを。その一助としても、私が日本で出会ったベトナム人女性たちのことを、ここに記したいと思う。

一人でも多くの人に、この現実を知ってもらうために。

これ以上、悲劇を繰り返さないために。

技能実習生が妊娠した後の“公式”フロー

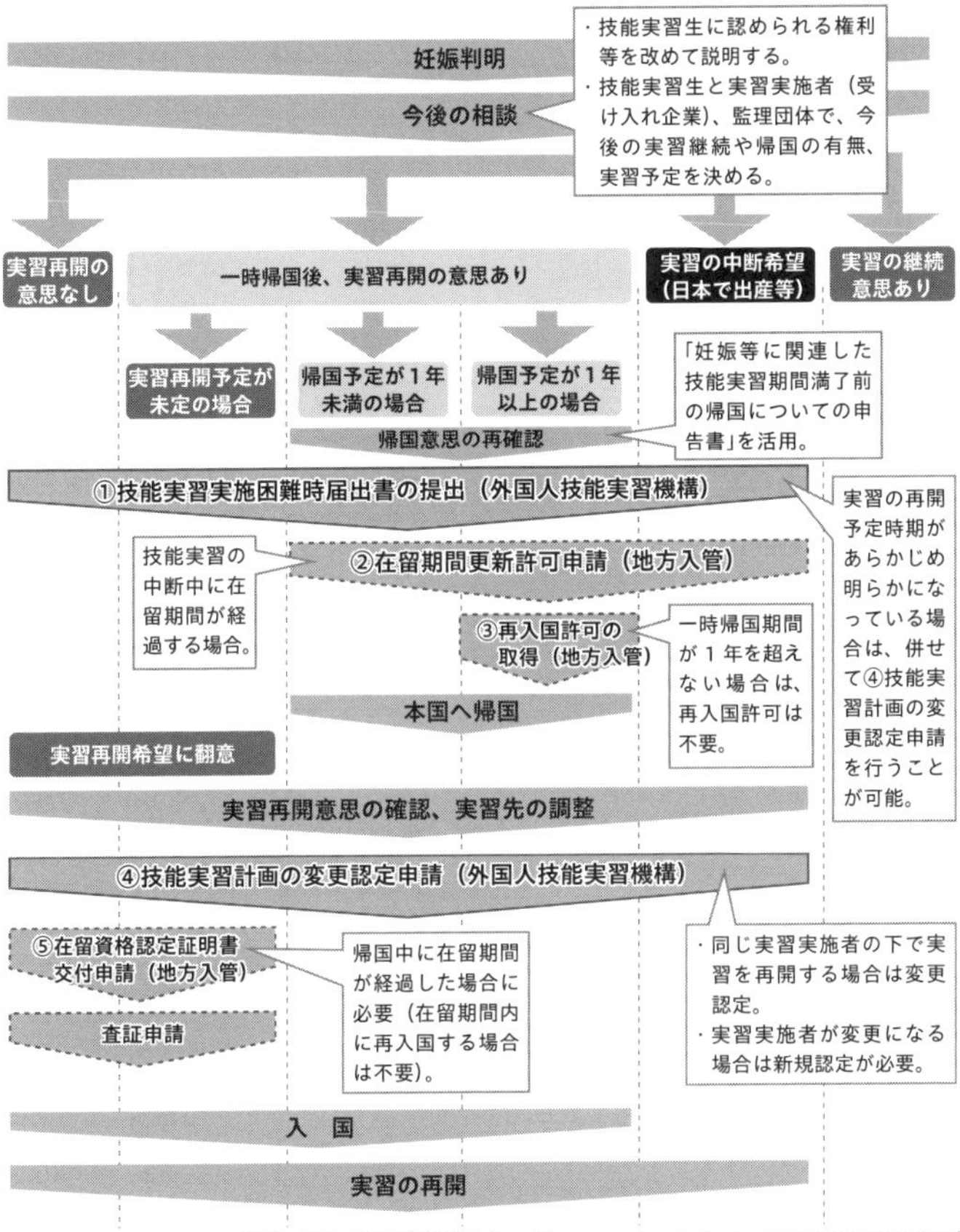

出典：出入国在留管理庁 https://www.moj.go.jp/isa/content/001393587.pdf

上図は、出入国在留管理庁のサイトで公開されている「技能実習生が妊娠等した場合の基本フロー」を元に作成した。実習生が妊娠・出産を理由として実習を中断・一時帰国する場合に必要な手続きが記されており、詳しくはそちらをご覧いただきたい。ただ、本書でこれから述べていくように、現実的には序盤の「今後の相談」で行き詰まることが多々あるのだ——。

もくじ

装丁　アルビレオ

装画・挿画　周 家宇

構成　兵藤育子

図版作成　アトリエ・プラン

第1話

ベトナム戦争からの仏縁と増える位牌

産休も育休もなく

妊娠した人を解雇するなんて、一体いつの時代の話なのだろう。

弁護士を交えた交渉の席で、私は憤りながらも冷静になろうと努めていた。

「なぜそこまでして、この会社で働きたいのですか？」

受け入れ企業側の弁護士が悪びれもせず放った言葉は、必死に保っていた平静な感情を打ち砕く。外国人労働者を蔑《ないがし》ろにするこんな会社は、できることならすぐにでも辞めさせてあげたい。隣に座っている〝彼女〟も内心では、そう思っているはずだ。

だけどこれは、人としての権利の問題でもある。

辞めさせるわけにはいかなかった。

彼女は、千葉県の介護老人福祉施設で働いていた。主な仕事の内容は、入所者の食事や入浴の介助、おむつの交換など。二〇二二年三月からこの施設で働き始め、ちょうど一年後に結婚している。相手は同じく日本で働いている、ベトナム人だ。

妊娠していることに気づいたのは、二〇二三年五月。思い起こせば、施設を運営する会社に結婚の報告をしたときから、嫌な予感はあったようだ。

「妊娠したときは、契約の更新について〝相談〟しましょう」

雇い止めをにおわせるようなことを、一度ならず、何度か言われていたのだ。

そのため、妊娠がわかった時点で彼女はもしものことを考えて、私たち、日越ともいき支援会に連絡をくれている。ただし、しっかり者で責任感の強い彼女は、できれば事を荒立てたくなかったため、まずは私たち支援者が同席しない形で、一人で会社側と話し合ってみることを希望した。だが案の定、次の契約更新は難しい旨をその場で伝えられてしまう。

妊娠した後に雇い止めされ、日越ともいき支援会へ夫と一緒にやってきたベトナム人女性。

こちらのアドバイスに従って、彼女は労働基準監督署（以下、労基）にも並行して相談している。労基は簡単にいうと、労働基準法など労働関係に関するルールを守らない企業を取り締まる、国の機関だ。

それを受けて労基が事実関係を確認すると、会社は苦し紛れの主張をした。契約を更新しないのは妊娠が理由ではなく、彼女の日本語能力と腰痛の悪化が問題だからだ、と。そして、労基に〝勝手に〟相談したことを快く思わなかった会社は、雇用を継続しないことを改めて彼女に通達した。

こうした顚末《てんまつ》を経て、私たちは交渉の席に座っていた。

彼女は五年も日本で働いてきたのに、産休や育休の機会も与えられず、雇い止めをされそうになっているのだ――。

ベトナム人僧侶を救った父の教え

めぐりめぐって、私が今のような活動をしていることを、周りの人は〝仏縁〟と言う。

ベトナム戦争末期のサイゴン（現在のホーチミン）を舞台にした、『ミス・サイゴン』というミュージカルをご存じだろうか。

ベトナム人女性とアメリカ兵の悲恋の物語で、二人が離れ離れになってしまうサイゴン陥落の混乱を描いたシーンは、迫力満点の舞台装置とともに本作の見どころとなっている。サイゴンを脱出しようとするヘリコプターに人々が殺到し、金網や柵にしがみついているのだが、私が中学三年生のときに初めてベトナムを訪れ、ホーチミンの空港で見たのもまさにそんな光景だった。もちろん、金網越しの人たちはどこかへ逃れようとしているわけではなかったし、鬼気迫っているわけでもなかった。だけど一〇代半ばの私にとっては、今までずっと身近に感じてきたはずのベトナムが、実際にその地に降り立ってみたことで遠い場所であると初めて気づいたような、不思議な感覚だった。

物心ついた頃から、ベトナム人は家族のような存在だった。

私は一九六九年八月、埼玉県岩槻《いわつき》市、現在のさいたま市岩槻区に生まれた。父の吉水大智《だいち》は浄土宗寺院の住職で、私が生まれる以前の一九六五年頃から、ベトナム戦争真っ只中のベトナムと日本を行き来していた。優秀なベトナム人僧侶を国外に避難させようと、彼らの留学支援を行っていたのだ。もともとは日本に来ていたベトナム人僧侶に、母国の惨状を見にきてほしいと乞われ、父の友人で私の師匠でもある富山県にある阿弥陀寺《あみだじ》の山本雄毅《ゆうき》上人《しょうにん》とともに渡越したのがきっかけだった。現地で父は、サイゴンのアメリカ大使館の前に座り込んで、市民と一緒に戦争反対を訴えたり、サイゴンのある南部だけでなく中部にも足を運び、女性や子どもたちの支援に奔走したりしたと聞いている。

　父と山本先生は、身元保証人となってベトナム人僧侶を日本に呼び寄せ、生活の面倒もみていたため、お寺兼自宅の離れにはベトナム人が常に数名暮らしていた。来日すると、彼らはまず大宮にある日本語学校に通い、卒業後は国内の大学の仏教学部などで学んだ。私にとっては幸か不幸か、勤勉かつ優秀な人ばかりで日本語をすぐに使いこなしていたので、彼らと会話をするときは当たり前のように日本語だった。おかげで、幼少期からベトナム人と接していたにもかかわらず、ベトナム語を習得する必要性を感じることとな

父の吉水大智（上の写真中央）はベトナム戦争中、ベトナム人僧侶や市民を支援した。

く、大人になってしまった。あのときベトナム語を勉強しておけばよかったなと思うものの、後悔先に立たず、だ。

ベトナム人僧侶からお裾分けしてもらった揚げ春巻きが、母のつくった肉じゃがやきんぴらごぼうなどと、同じ食卓に違和感なく並んでいる。それが、私のベトナムにまつわる原風景のひとつだ。


姉と妹、弟の四人きょうだいで育った私は独立心が強く、我ながら手のかからない子どもだったと思う。進路も部活動も自分でさっさと決めて、親に報告するのが常だった。

運動が得意だった私が小学校から高校まで打ち込んだのが、バスケットボールだ。中学の女子バスケ部ではキャプテンを務め、創部以来初となる県大会出場を果たすことができた。

中学生活を送った一九八〇年代前半は校内暴力が全盛の時代でもあったが、私は不良の男子生徒たちとも仲が良かった。というのも、父が保護司（非行に走る生徒などの更生を手助けする、民間のボランティア）をやっていた関係で、寺に彼らがしょっちゅう出入りしていたからだ。番長クラスの男子と気さくに話したり、いきがって校則を破る輩を叱ったりしていたため、私自身が〝得体の知れない陰の番長〟と誤解されることもあった。

正義感が強い、お節介、世話好き……。見方によっていろんな表現があるのだろうけど、思えば私は子どものときから、そういう性分だった。たとえば、近所に住んでいた知的障害を持つ子どもと毎日手をつないで幼稚園に行くのが、私の役割だった。小学校に上がってもその習慣は続いたし、その子に限らず弱い立場の子が何かしら理不尽な目に遭っているのを見ると、黙っていられなかった。体を張って弱い者いじめをやめさせようとして、逆に私が殴られることもままあった。

困っている人がいたら、手を差し伸べる。

お寺に生まれ育ち、助けを必要とする誰かのために尽力する両親を見てきた私には、疑問を挟む余地もないくらい、ごく当たり前のことだった。その思いは今の活動にもつながっているのだけど、だからこそ「支援」という表現が本当は好きではなく、この言葉を口にするたびに歯痒《はがゆ》さを感じていたりもする。

二〇二〇年に日越ともいき支援会をNPO法人にするときも、組織名に「支援」を入れるべきかどうか、かなり悩んだ。仏教的観点からいえば、何かを必要としている人のために手を差し伸べることを意味する「施し」のほうが、私としてはしっくりくるのだけど、この言葉の持つ一般的なイメージは少々異なっている。いろいろ考えた挙げ句、本当に助けを必要としている人が私たちのところへたどり着きやすくすること、どんな活動をしている組織なのか外部に対してわかりやすくすることを目的に、「支援」という言葉を冠している。わざわざここで説明することではないかもしれないし、ほかの人にとっては些末《さまつ》なことかもしれないけれども、活動の根幹にも関わる部分なので、あえて記しておきたいと思う。

戦争の影響を目にして

我が家にとってごく身近なベトナムが、実際どういう場所なのか、父は私に自分の目で見てほしかったのだろう。先に書いた通り、父に連れられてベトナムを初めて訪問したのは、高校に進学する直前の春休みだったと記憶している。バスケに夢中になっていた私が、比較的長い休みを取ることができたのは、中三で部活を引退して、高校に進学するまでの間くらいだったからだ。

ホーチミンから入って、中部の港湾都市ダナン、今では海沿いのリゾートとして人気のニャチャンをめぐり、ホーチミンに戻ってくる二週間ほどの行程だった。そしてこの二週間は、部活動のスパルタ練習にはいくらでも耐えられた私が、つらくてつらくてしかたがなかった旅でもあった。

日本から持ってきたトランクのひとつには、一本ずつ個装されたボールペンが何千本もびっしりと入っていた。父から言い渡された私の役割は、行く先々でこのボールペンを子どもたちに配ること。私は当初、もらった子どもが勉強に使うためのものだとばかり思っていたけれど、そうではなかった。彼らは日本製のボールペンを売って、お金に換えるのだ。

ベトナム国内の空路は未発達だったため、各都市間の移動はかなり年季の入った小さなバスだった。舗装されていないデコボコの道路が続き、スピードを出せないのでとにかく時間がかかる。おまけに、くたびれたシートはクッション性がなく、板のような硬さで、どう座ってもお尻や腰が痛くなる。ようやく目的地に到着して、凝り固まった体を伸ばしながら外に出ると、こちらの姿をどこから見ていたのか、大人や子どもがわらわらと集まってくる。当時は枯葉剤（ベトナム戦争の際、アメリカ軍によって大量散布された化学兵器）の影響で、手足がなかったり、おかしな形に歪《ゆが》んでいたりする子どもが本当に多かった。

私は自分に向かって伸びてくる無数の手に、持ってきたボールペンを一本ずつ、小さなバトンのように渡すのだった。

「とんでもないところに来てしまった……」

空港に降り立って、金網にしがみつく無数の人たちを見た瞬間から、心のなかでずっとそう思っていた。この国が長く続いた戦争の影響を引きずっていることを、父から幾度となく聞いていたし、ニュース映像でも目にしていた。百聞は一見にしかずとはいうけれども、安全で、何ひとつ不自由なく暮らせている日本で、写真や映像を通して見るのと、ベトナムに身を置いて、その土地の気温やにおいを肌で感じながら見るのとでは、何もかもが違っていた。

そんなベトナムに、大人になってから何度も足を運ぶことになるなんて、もちろんそのときは想像していなかったし、二度と来ることはないだろうとさえ思っていた。

寺の家族の〝はみ出し者〟

高校生活は、中学以上にバスケ一色。県内で有名な女子バスケ指導者の故・小森谷操《みさお》先生が監督する部に特待生で入った。

小森谷先生は浄土宗の僧侶で、父が加行《けぎょう》（修行の一種）の係を務めていたときの修行生という仏縁もあったが、バスケにおいては鬼軍曹だった。合宿では特に厳しく、朝の五時から夜の一二時まで、食事と三時間の睡眠以外はひたすら練習を強《し》いられた。

高校時代、我が校のチームのベスト成績は関東大会一六位。私は埼玉東部地区選抜チームのキャプテンを任せられ、県選抜のメンバーにも選出された。バスケを通して培われた気力と集中力、さらに磨かれた負けん気の強さは、今も大いに役に立っている。

高校卒業後は、スカウトの声がかかっていた体育系の大学に進学して、バスケを続けるつもりだった。だが、進路を含めて私のやることに対してほとんど口を出さなかった父から、ある朝、思いがけないことを告げられた。

「体育大学ではなく、大正大学に進学して僧侶になりなさい」

大正大学は、離れに住んでいたベトナム人のお坊さんの多くが留学していた、いわゆる仏教系の大学なので、我が家では身近な学校だった。とはいえ、自分の進学先として考えたことは一度もなかった。父は続けた。

「寺に生まれ育った者は、仏様から施しを受け、お仏飯《ぶっぱん》で生きているのだ。我々には仏様に恩返しをする義務があって、家族で寺を守っていかなければならないのだ」

幼少期から耳馴染みのある説教だったが、なぜ今になってこの話を持ち出すのだろうと思った半面、父が言わんとしていることもわからなくはなかった。

私は寺の家族の一員でありながら、寺に関してはどこか他人事《ひとごと》のように振る舞っている、はみ出し者だった。何かと行事の多い寺の手伝いを、部活動や学校が忙しいという理由で避けがちだったし、あわよくばこのまま深く関わることなく、自分の好きなことをやっていきたいと思っていた。

父は、そんな私の本心をとうに見透かしていたのだろう。バスケに熱中して、人生を捧げたいと思っていたのも、紛れもない現実だ。だけどそれは、僧侶という定められた道を歩み始めるまでのモラトリアムの時間だったのだと、ようやく気がついた。

僧侶になりたい・なりたくないという自分の意思以前に、結局のところ、私がどんなふうに振る舞おうとすべては決まっていたのだ。そう思い至って、驚きと諦《あきら》めと悲しみと安堵《あんど》が一斉に押し寄せ、整理がつかないような状態だった。

せめてもの抵抗、というわけではなかったけれども、父にひとつだけお願いをした。

「僧侶にはなります。でも、それまでは好きなことをやらせてください」

ロンドンで働きたかったけれど

私は言われた通り、大正大学に進学した。ただし、選んだのは仏教学部ではなく、文学部社会福祉学科だった。

宗派によっていろいろだが、僧侶になるには仏教系大学で学ぶことがマストではない。浄土宗の場合は、その教えや仏事を学ぶ「少僧都《しょうそうず》養成講座」(現在は教師養成道場)をまず修了する必要がある。その後、京都市の総本山・知恩院《ちおんいん》と、東京都港区の大本山・増上寺《ぞうじょうじ》で「伝宗伝戒道場《でんしゅうでんかい》」という三週間の修行を経ると、浄土宗の正式な僧侶であることを証明する「伝巻《でんかん》」を受けられる。最初のステップである少僧都養成講座は、仏教系大学や通信教育で学ぶ以外に、知恩院、増上寺などで行われる三週間の修行を三期にわたって受けることでも修了できる。

私が仏教ではなく社会福祉を専攻したのは、少僧都養成講座は大学で受講する以外の選択肢もあるのだから、大学では違うことを勉強したいと思ったからだ。

僧侶になることが人生のゴールではないけれども、僧侶になるまでにできるだけ広い世界を見ておきたい――。この時期、特に大きな影響を与えてくれたのが、祖母の存在だった。

大学のキャンパスは東京都豊島《としま》区にあったので、私は同じ区内に住む父方の祖母のもとに身を寄せた。

明治三九（一九〇六）年生まれの祖母は、孫の目から見ても粋《いき》でカッコよく、自分もこうなりたいと憧れる女性だった。北京大学を卒業して、平凡社という出版社で婦人部長を務めていた才女で、ショートヘアに洋服を着こなし、タバコを吸っている若い頃の写真は、モガ（モダンガール）のイメージそのものだった。茶道の表千家不白《おもてせんけふはく》流の団体で理事を務め、家元が一目置くような人でもあった。

「若いうちに広い世界をたくさん見て、感性を磨きなさい」

祖母の言葉には重みがあった。高校卒業とともにバスケをすぱっとやめてしまった私は、次なる目標を無意識のうちに探していたのだろう。そこに祖母がいて、用意されていたかのごとく茶道があった。そして大学在学中の四年間で、師範のお免状を取得しようと心に決めた。人に教えることを許される師範になるには、入門から早くて五年、平均で一〇年程度はかかるといわれている。明らかに無謀な目標だが、週に五～六回、三～四時間の稽古をすれば決して不可能ではないと踏んでいた。二〇歳そこそこで師範を目指す人間、なおかつこれほど前のめりな人間も当時は珍しかったようで、家元や理事のみなさんにかわいがられ、稽古だけでなく、お付きとして全国各地の稽古やお茶会に同行させてもらった。

結果、在学中に師範のお免状を取得して、目標を達成することができた。

稽古の傍ら、アルバイトにも精を出した。バブル全盛期だったため時給は二〇〇〇円を超え、月に三〇万円稼ぐときもあり、お金を貯めては颯爽《さっそう》と海外旅行に出かけた。主な行き先はヨーロッパで、アメリカやオーストラリアへも行ったけれども、アジアには微塵《みじん》も興味がわかなかった。父とベトナムへ行ったときのような経験をするのは、こりごりだったからだ。

就職活動をする段になって、再び私は寺という家族から離れることを画策していた。ヨーロッパの街並や、歴史が育んだその文化にすっかり魅せられ、特に気に入っていたロンドンで働いてみたいと考えるようになっていたのだ。

空前の売り手市場といわれたバブル期、私が狙っていたのは、百貨店の三越（現在の三越伊勢丹）が展開していた「ロンドン三越」。知り合いの先輩が三越で働いていたので相談すると、ロンドン三越のレストラン事業部を勧められ、トントン拍子に採用が決まった。

日本での研修期間を終えると、予定通りロンドンへの転勤を希望。小学生の頃から英会話教室に通っていたため、英語は得意だったし、茶道のお免状は就労ビザを取得するうえでも有利だった。両親には、おおよその段取りがついてからロンドン行きを告げた。転勤の手続きも完了して、すべては順調だった。

一九九四年六月、またしても父のひとことで私は〝現実〟に引き戻されてしまう。

「手術をすることになったから、ロンドン行きは諦めて、寺を継いでほしい」

以前から父は、膵管《すいかん》に石が形成される膵石症の持病があった。痛みに苦しんでのたうち回るたびに、動揺した母が私の職場まで電話をかけてくる。その都度、仕事を中断しなければならず、電話で収拾がつかないときは、早退して埼玉の実家に帰ったり、病院に付き添ったりもしていた。仕事にやりがいを感じていた時期だけに、家族に振り回されることが嫌で嫌でしかたがなかった。きょうだいそれぞれに事情があって、当時は私くらいしか頼れる人がいなかったのだが、「なぜ私が？」という思いがぬぐえなかった。

海外に行ってしまえば、家族のしがらみから解放される。ロンドンで働くことに執着したのは、そんな思いもゼロではなかった。もっといえば、このまま日本に戻ってこなくてもいい、とまで思っていた——。

約二カ月後、会社を退職した私は、浄土宗の少僧都養成講座に参加していた。父は私の預かり知らぬところで弁護士に依頼して、ビザの申請取り消しと退職手続きを進めていた。

「おまえはもう、退職扱いになっているから、寺に戻ってきなさい」

父から告げられたときは、驚きを通り越して呆然としてしまった半面、これ以上逆らってもどうしようもならないと、心はむしろ静まり返っていた。

小さな抵抗を繰り返しては、家族のもとへ戻されてきたけれども、周りの人たちが言うようにこれが仏縁なのであれば、甘んじて受け入れるしかない。

真夏に三週間休みなく行われる、少僧都養成講座の一日は概《おおむ》ねこんな感じだった。起床は朝五時で、六時から読経《どきょう》と念仏の勤行《ごんぎょう》をする。朝食を済ませて、午前中は九時から九〇分の講義を二コマ、一二時から再び勤行をして昼食。午後は一三時から二コマの講義を受けて、一七時から勤行。夕食後、一九時から最後の講義が一コマあり、二二時に消灯となる。

残暑も厳しく、三期にわたる講座を通して脱落者が多数出るほどだった。

しかし私は、バスケを通して体育会系のストイックな練習を何年間も経験し、大学時代は毎朝四時に起きて、祖母の身の回りのお世話をしつつ、茶道の稽古、アルバイト、大学の授業をこなしてきた自負があった。少僧都養成講座のように、自分のことだけに集中して取り組むことができ、ごはんまでつくってもらえる環境は、つらいどころか、ありがたくさえ感じられた。

女性が圧倒的に少なかったことも、私の負けず嫌いな性分を刺激した。阿弥陀経の暗記や木魚の叩き方など、男性よりも早く身につけたくて、ほとんどない隙間時間を無理やりつくり出して、練習に励んだ。


同じ年、私は実家の寺の寺務長となり、一九九六年一二月に浄土宗の僧侶となった。さらにその二年後には、浄土宗のお寺の僧侶と結婚した。

授かった子どもは、上から順に男、男、女の三人。子育ても、人生で夢中になったことのひとつで、大げさだと思われるかもしれないけれども、真剣そのものだった。

理想的な子育てについて、腹を割って話し合えるママ友が複数いて、ときに悩みを共有しながら助け合い、切磋琢磨することができたのも幸運だった。
ちなみに現在、子どもたちは三人とも、日越ともいき支援会の活動をサポートしてくれている。

ベトナム人の位牌が急増

子育てに情熱を傾けていた私が、再びベトナム人と関わるようになったきっかけは、二〇一一年に起こった東日本大震災だ。在日ベトナム大使館から父に対して、被災して行き場を失った在日ベトナム人を保護するよう要請があったのだ。これを境に、ベトナム人僧侶だけでなく、日本で暮らすベトナム人を支援する機会も増えていく。

このとき、父が住職を兼務していた港区のお寺に、八四名のベトナム人を受け入れた。東北地方で働いていた技能実習生や留学生、〝技人国（技術・人文知識・国際業務）ビザ〟で専門職に従事する者など、さまざまだった。それ以降、私は父のサポート役として、体調の悪い人の病院付き添いや、行政関連の手続きの手伝いなどを主にするようになった。

当時、技能実習生を含む外国人労働者は、中国からの渡航者が多くを占めていた。しかし、東日本大震災と福島第一原発事故の影響、さらには翌年、日本政府による尖閣諸島国有化の閣議決定に対して、中国国内で大規模な反日運動が起こったことなどが要因で、日本で働く中国人の数は減少の一途をたどる。それに取って代わる形で増えてきたのが、ベトナム人だった。

ベトナム人労働者が増えると、ベトナム人の位牌が増えた。

　こうした動きと並行して、最初は些細な、だけど徐々に見過ごすことのできない違和感を私は抱くようになっていた。

　あるときから父は、日本で亡くなったベトナム人の遺体を引き取って葬儀を執り行ったり、火葬した遺骨を母国に住む遺族へ受け渡したりする活動も行っていた。そのためお寺の位牌堂には、ベトナム人の位牌が一時的に安置されていたが、日本で働くベトナム人が増えるにつれて、位牌堂に並ぶ彼らの位牌の数もどんどん増

日越ともいき支援会は2013年に活動をスタートし、
2020年に東京都からNPO法人として認可された。

えてきたのだ。

分母が大きくなるのだから当然だろう、と思う人もいるかもしれないが、お寺に生まれ育った私には、そうは思えなかった。年間執り行われる葬儀の大半は、高齢者だ。二〇代、三〇代、ましてや一〇代の葬儀は、年にそう何回もあるものではない。それなのに、位牌堂にずらりと並ぶベトナム人の位牌は、年齢比が逆転しているといっても過言ではない。

なおかつ、その数も異常だった。亡くなった人が初めて迎えるお盆は「新盆《にいぼん》」といって、通常よりも丁寧に法要をする習わしがある。ベトナム人労働者が増える前の新盆の位牌の数は、せいぜい一二柱、多くて一五柱を超えるか超えないかくらいだった。しかし、あるときを機に増え始め、二〇一九年にはそれまでの三年間で集まった一五五柱の位牌がお堂に安置されていた。所狭しと並ぶ、もの言わぬ位牌を前にして、「これは何かが起こっている」と、心のなかでずっと消えることのなかった違和感が確信へと変わった。

時を同じくして二〇一九年に、〝失踪〟したベトナム人元技能実習生を保護することになった。三〇代半ばの男性Fの実習先の労働環境はかなりひどく、一五時間働いても七時間分の給料しか支払われないこともあったそうで、誰が見ても〝ハズレくじ〟だった。このままでは、技能実習生になる際に借りたお金を返すためだけに働くことになると考えたFは、三カ月ほど働くと実習先から早々に逃げ出してしまう。失踪すると正規の就労はできなくなってしまうため、多くの失踪者がそうするように、Fも在日ベトナム人などを頼って短期の職を転々としていた。そして三年目に、脳梗《のうこう》塞《そく》を発症する。不法滞在・不法就労の身となっていたFは、健康保険証を持っていなかったため、病院から請求された入院費を含む医療費は当初八〇〇万円にものぼった。

私たちは、半身麻痺と言語障害が残り、車椅子生活になってしまったFを保護し、ベトナム人僧侶とともに大使館や入管（出入国在留管理庁）などにかけ合い、彼の希望通りに帰国の手続きを進めた。

成田空港へ向かう車中、Fはつっかえながら絞り出すようにこう言った。

「失踪した僕のことを犯罪者と言うけれど、犯罪者にしたのは日本人だ。僕は犯罪者になりたくて日本に来たわけじゃない」

日本人である私は、運転しながら歯をくいしばり、涙をこぼした。何も言い返すことができなかった。

この出来事と前後して、三人のベトナム人実習生と留学生が、立て続けに自ら命を絶ったことも、私を激しく動揺させた。彼らと面識はなかったけれども、もし亡くなる前に会うことができていたら、一体どんなことを話したのか。

私は彼らの自死を、思いとどまらせることができただろうか。

氷山の一角かもしれない

二〇一九年、一五五柱のベトナム人の位牌を預かって、港区のお寺の境内に供養塔が建立《こんりゅう》された。その半数は技能実習生や留学生で、約二割は中絶による水子だった。

希望を抱いて来たはずの日本で、彼らはどんな経験をして、亡くなってしまったのか。芽生えた命は、なぜ異国の地でつみ取られなければならなかったのだろう――。

「なぜそこまでして、この会社で働きたいのですか？」

冒頭で触れた、交渉の席での弁護士の言葉に対して、私は逆に問い返したかった。

「なぜそこまでして、妊娠した人を辞めさせようとするのですか？」

従業員をそう簡単に解雇できないことは、経営者であれば知らないはずがない。仮に彼女のような特定技能外国人を受け入れて、非自発的失業者を出してしまった場合、その会社は一定の期間、同在留資格の外国人を受け入れることができなくなってしまう。

だから、たいていの雇い主は、私たちやユニオン（労働組合）が当事者に代わって交渉を申し入れた時点で、「そんなつもりはなかった」「そんなことは言っていない」などと、手のひらを返して態度を改める。頼りにしている外国人の働き手がいなくなれば、企業も仕事が回らなくなってしまうからだ。

結局、交渉は決裂。弁護士同士の話し合いに持ち込まれ、示談となった。要するに、会社側は最後まで妊娠した彼女の解雇を譲らなかった。

　この会社は、稀《まれ》に見るほど頑《かたく》なだった。いや、わからない。私たちがこれまでたまたま運良く、そういった雇い主と出会わなかっただけで、もしかしたらこの事例は氷山の一角にすぎないのかもしれない。

　妊娠による雇い止めや強制帰国が、過去にどのくらい行われてきたのかは誰もわからない。彼女たちは命こそ奪われなかったものの、まるで位牌のように抵抗する術も、訴える術も持つことができなかったのだ。

第2話

行き場を失う遠距離恋愛の二人

横浜のボーイフレンドと遊んで解雇

ホアン・ティ・チャンさん（当時二〇歳）から初めてMessengerに連絡が来たのは、二〇二〇年八月一三日、コロナ禍が始まってから迎えた最初のの夏だった。日越ともいき支援会の顧問で、日本とベトナムの労働法を研究する神戸大学大学院国際協力研究科の准教授・斉藤善久先生がちょうど東京に来ていて、仕事の合間を縫って一緒にごはんを食べているときだった。

「秋田の会社から、もう帰ってくるなと言われたんです」

電話をかけると、チャンさんはたどたどしい日本語でこう話した。といっても、技能実習生の日本語レベルとしては比較的高いほうだろう。しかし、込み入った事情を説明するのであれば、ベトナム語を使うに越したことはない。ベトナム語を解さない私に代わって、斉藤先生が聞き取りをしてくれた。

チャンさんは二〇一八年六月に技能実習生として来日して、秋田県の養鶏場で働いていた。電話をかけているのは横浜で、お盆休みを利用してボーイフレンドのところに遊びにきているのだという。「帰ってくるな」と言われてしまったのは、勤務先に黙って横浜に来ていたことが直接的な原因のようだ。

新型コロナウイルス感染が日本でも拡大したその夏、各都道府県は軒並み旅行や帰省を控えるよう呼びかけ、「オンライン帰省」という耳慣れない言葉がテレビやネットのニュースで話題になっていた。チャンさんの勤務先でも、夏休み期間中、県内の移動であればかまわないが、県外には行かないよう社員に自粛を求めていた。しかしチャンさんは、それを無視して県外へ。しかも、ボーイフレンドと夏休みを満喫している様子をSNSにアップしたことで、勤務先にあっさりバレてしまった。

「これは、変化球コロナ解雇ですね……」

大まかな事情を聞いて、斉藤先生と言い合った。この時期、コロナの影響で一方的に実習生が解雇されるケースが後を絶たなかった。突然解雇され、ベトナムに帰ることもできない実習生のために、日越ともいき支援会では住居と仕事とお金がなくなってしまった若者を保護して、再就職をサポートしていた。不測の事態とはいえ、ボーイフレンドのところに勝手に遊びに行って解雇されるというのは、さすがに聞いたことがなかった。

実習生が日越ともいき支援会にSOSを出してきたときの基本的な手順として、私たちがまず連絡を取るのは監理団体という機関だ。簡単にいうと、技能実習が適切に

図2-1　技能実習生受け入れの流れ

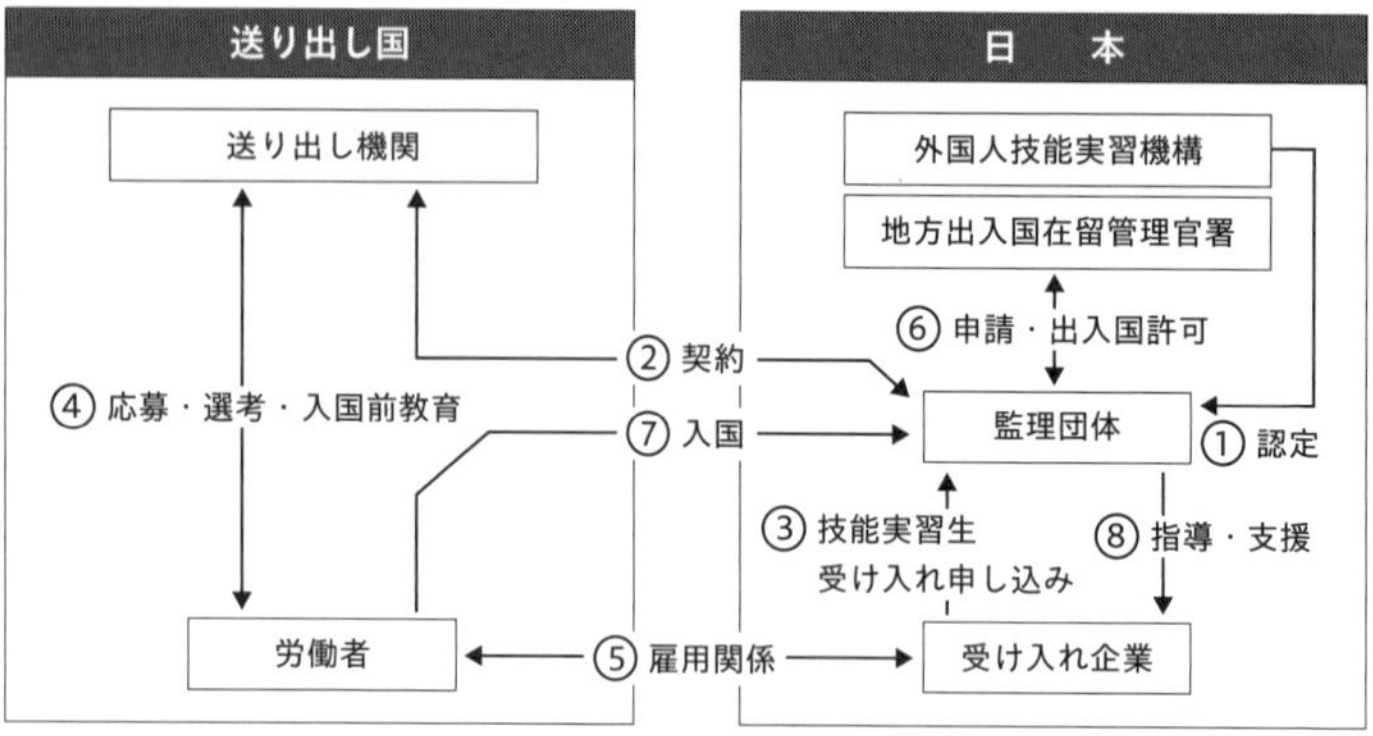

技能実習生の受け入れ方法は「企業単独型」と「団体監理型」があるが、95%以上は後者（上図）。企業は実習生を直接採用できず、監理団体を通して求人票を出し、監理団体が契約する海外の「送り出し機関」が募集した候補者と雇用契約を結ぶ。監理団体は商工会議所・中小企業団体などの非営利団体に限られ、傘下企業に実習生ごとの「技能実習計画」作成を指導する、実習生の相談を受ける、実習先の定期監査により実習計画の適正な遂行を確認して出入国在留管理庁と厚生労働省が所管する「外国人技能実習機構（OTIT）」に報告する等の役割がある。外国人技能実習機構は、監理団体の許認可権を持ち、許認可の取り消しもできる。

行われているか監督する、非営利の団体だ。来日前、これから日本で働く実習生の教育・研修等を行うベトナムの「送り出し機関」と、日本の受け入れ企業をつなぐ立場でもある（図2−1）。

早速、受け入れ企業の監理団体に確認を取ったところ、無断で県外に出たのを理由にチャンさんを解雇することはできないため、一定期間、自主隔離をした後、秋田県へ戻るのは問題ないという回答だった。当然だろうと思いつつも、ひと安心してチャンさんにそのことを伝えると、思いがけず、彼女は泣きながら私たちに訴えてきた。

「社長は怖いし、コロナでお給料もすごく減ってしまいました。あの会社には、もう戻りたくないんです……！」

実際に会ったチャンさんは、見るからに真面目そうな優等生タイプだった。仕事を覚えるのが早くて気も利くため、受け入れ先でも重宝されていたようで、実習生のリーダー的な役割を担っていた。それだけでなく、ほかの実習生よりも日本語が上手だったため、同僚の実習生と社長や日本人従業員の間で、おのずと通訳も任されるようになってしまう。通訳を介すると、直接コミュニケーションを取るよりも、言葉選びや表現に配慮が欠けてしまったり、不平不満をぶつけやすくなったりするものだ。組織のなかでチャンさんは板挟みになり、物事を先々まで読んで、気を回してしまう性格も相まって、本来の職務以外の面でかなりのストレスを感じていたようだ。しかも社長は高圧的で、給料もコロナ禍で激減してしまっている。

職場に戻りたくない人を無理やり戻すことはできないし、こちらを頼ってきている場合でも当人の意思を尊重するのが、支援のあるべき姿だと私は思っている。その頃、日越ともいき支援会のシェルターでは、コロナの影響などさまざまな事情で仕事を失ったベトナム人実習生を、八〇人ほど保護していた。今までにない数に膨れ上がっていたが、一人や二人増えたところで、大した違いはない。チャンさんは養鶏場の仕事を辞め、そこから半年ほどシェルターで暮らすことになる。

〝失踪〟するしかなかったヤンチャな男子

この一件から少し遅れてシェルターにやってきたのが、グエン・スアン・チュンさん（当時二〇歳）という男性だ。チュンさんの来日は、二〇一八年一一月。福岡県の建設会社で実習生として働いていたが、やはりコロナの感染拡大の煽《あお》りを受けて、会社の受注仕事が激減してしまう。社員の給料にも影響し、あろうことか経営者からは「ベトナムに帰れ」と幾度となく暴言を浴びせられる。結果、チュンさんが選んだのは、俗に〝失踪〟と呼ばれる手段だった。入管（出入国在留管理庁）の発表によると、二〇二二年の技能実習生の失踪者数は九〇〇六人（図2―2）。ここでいう失踪者とは、在留資格「技能実習」をもって日本に在留している間に、監理団体等から外国人技能実習機構（ＯＴＩＴ）に対して、行方不明となった旨の「技能実習実施困難時届出書」が提出された者を指す。ベトナム人は、そのうち六〇一六人を占める。

図2-2　技能実習生の失踪者数

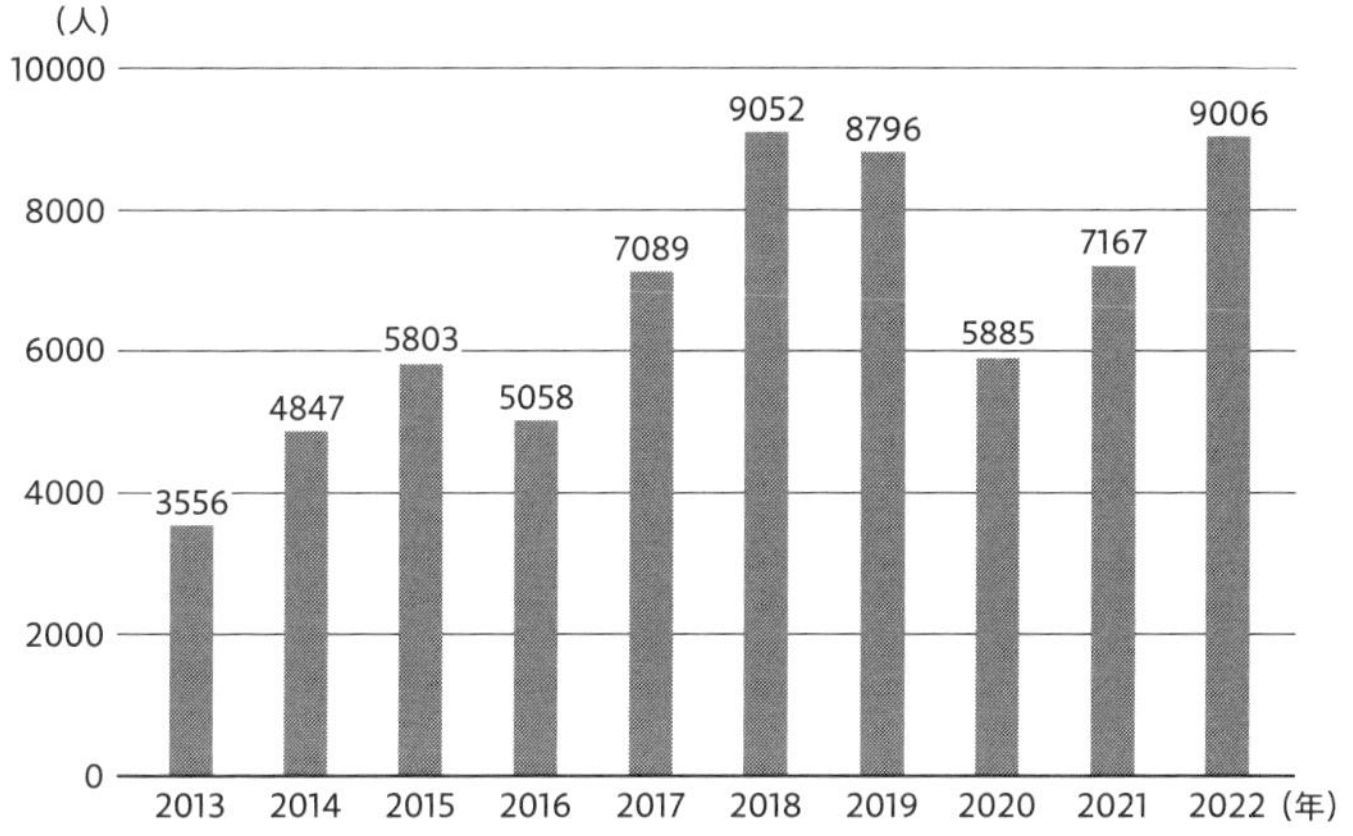

出典：出入国在留管理庁

なぜ、彼らは失踪してしまうのか。法務省「技能実習制度の運用に関するプロジェクトチーム」は、失踪事案に関する調査の結果を二〇一九年三月に公表している。それによると、調査対象となった失踪技能実習生五二一八人の失踪理由（複数回答）のトップは、「低賃金」で七割近くを占める。さらに、「実習終了後も稼働したい」「指導が厳しい」「労働時間が長い」「暴力を受けた」などの理由が続く。

対して、失踪者を出した実習実施機関一五五五のうち、六六二機関（失踪者の延べ人数は九三七人）で以下の不正行為が明らかになっている。残業時間等不適正（二三一人）、割増賃金不払い（一九五人）、賃金からの過大控除（九二人）、契約賃金違反

（六九人）、最低賃金違反（五八人）、そのほか人権侵害（三六人）などだ。[*1]

仮にこうした企業に配属されて、仕事内容や賃金面などに不満があったとしても、現在の技能実習制度では実習生の意向で別の職場に移る「転籍」を、原則三年はできないことになっている。本来は、監理団体が中立的立場で企業を指導し、実習生を保護しなければいけないのだが、企業の利益を優先して、たとえ実習生が改善を求めたとしても、まともに取り合わないようなところも少なくない。これが〝現代の奴隷制度〟と批判される理由のひとつであり、実習生を失踪するしかない状況に追い込む要因にもなっているのだ。

なかには、目先の欲や「もっと楽にたくさん稼げる」という甘い言葉に誘われて失踪して、違法な労働に従事してしまう実習生がいるのも事実だ。しかし、パワハラに当たるような扱いを受けていたチュンさんの場合、自分の身を守るためにルールを破らざるを得なかったともいえる。

チュンさんは全身黒ずくめのファッションで、首や腰にチェーンをジャラジャラとぶら下げている、ちょっとヤンチャな今どきのベトナム男子らしい青年だった。彼も実習生のなかでは日本語能力が比較的高いほうだったので、シェルターでみんなで食事をするときなどは、いつも私のそばに座って通訳を買って出たり、率先して茶碗にごはんをよそったりなど、人懐っこくて目をかけたくなるような愛嬌があった。

内定取り消しと隠し事

〝事件〟が起こったのは、秋田県の実習先に戻らなかったチャンさんが、東京都の食品加工会社から再就職の内定をもらった矢先だった。前職と比べると給料も上がって好待遇となり、無事に再スタートが切れることを彼女はとても喜んでいた。

「先生（支援しているベトナム人から、私はこう呼ばれることが多い）、私、赤ちゃんができました」

当然のことながら、チャンさんの妊娠は寝耳に水だった。そして、受け入れ予定の企業にそのことを伝えると、あっさりと内定を取り消されてしまった。

「もうベトナムに帰ります」

再就職先を一から探し直すことを提案したものの、チャンさんは心が折れてしまったのか、それどころではなさそうだった。彼女をなだめつつ、どうにかならないものか思案しているとき、私はある光景を目撃してピンときた。といっても周りの人からすると、気づくのが遅すぎたくらいだったのかもしれないけれども……。

チャンさんとチュンさんが、ベランダの端っこで肩を寄せ合って何やらコソコソと話をしている。ただの世間話、友達同士の会話とは思えない、親密な空気を二人の背中はまとっていた。

チャンさんが妊娠した子の父親——前職を辞めるきっかけになった〝横浜のボーイフレンド〟は、彼女から少し遅れてシェルターにやってきたチュンさんだったのだ。

そのことに気づいたとき、最初は「どうして……」と失望が込み上げてきた。ひとこと言えば済むのに、なぜ私に隠そうとしたのだろう。「騙《だま》された」とすら感じてしまった。二人は騙しているつもりなど微塵《みじん》もなかったのかもしれないが、たったひとつの隠し事が信頼関係を一瞬にして崩してしまった。

「先生は知っていると思ったから」

私の怒りを牽制するかのように、彼らは取りつくろおうとした。しかし、自分たちの関係をこちらに直接伝えないまま、シェルターに滞在して、その間、失踪の後処理や再就職に向けた煩雑な手続きをスタッフに任せ、無事に再就職先を見つけて、「やり過ごそう」としていることは、二人のためを思って動いているすべての人たちへの裏切りといえた。思えば彼女がここにやってきたのも、前の会社に黙って行動した結果だった。

「彼氏が住むところがなくて困っているって、どうして最初に相談しなかったの？　妊娠にいつ気がついたのかわからないけど、正直に言ってくれたら会社の探し方も変わっただろうに。あなたたちの隠し事や嘘に、一体どれだけの人が付き合ったと思ってるの？　そういうやり方が不誠実だと感じず、この先も続けていくつもりなら、どこに行っても信頼を得ることはできないし、私たちだって平気で嘘をつくような人を、企業さんに紹介することはできません。あなたたちをこれ以上ここに置いておくことはできないから、もう自由にしなさい！」

私はスタッフの通訳が追いつかないくらい、まくし立てた。その剣幕に圧倒されたのか、自分たちの過ちに気がついたのか、二人は揃《そろ》って泣いていた。そして選択肢のひとつとして、おそらくすでに相談していたであろうことを口にした。

「私たち、ベトナムに帰ります」

しかし、ベトナムで暮らす家族が若いカップルの決断を許さなかった。二人は同じ地方の出身で、高校生のときから付き合っていた。「日本で一緒に技能実習を」ということだったのだろうが、かたや九州、かたや東北に振り分けられ、長らく遠距離恋愛を強《し》いられてきた。そして、発覚した今回の妊娠。チャンさんがベトナムで暮らす両親に電話で告げると、ショックを受けて怒っていたそうだ。間もなくして、私のところにも彼女の両親から連絡が来た。
「娘が日本で稼いでくれないと、私たち家族の生活が成り立たなくなってしまいます。先生、どうかこの子たちを帰らせないで、仕事を探してやってください。生まれてくる子どもは、私たちが育てますから！」

借金を返すまで家族は帰国を許さない

実習生の多くは、多額の借金を背負って日本にやってくる。借金があるから、返済の手段として実習生になるのではなく、技能実習制度を利用して日本で働くために、借金をする必要があるのだ。彼らが「実習生になる」、つまりスタート地点に立つために、だ。

日本の企業の面接に合格した実習生は、ベトナム出国前に「センター」と呼ばれる送り出し機関の施設に入所して、約四カ月〜一年ほど寮生活を送る。そこでは主に、仕事や生活面で必要となる日本語や、日本の文化・マナーの教育、実習現場で必要となる実技のトレーニングなどが行われる。その間、入国の手続きや実習生としての認定手続きが進められ、ビザを取得したら、晴れて日本の企業へ送り出される。ただしその前に、センターに入所するためには教育費や生活費、さらには手数料などを支払わなければならない（センターにいる間は、もちろん給料が出ない）。送り出し機関によって支払う料金は異なるが、入管が二〇二二年七月に公表した「技能実習生の支払い費用に関する実態調査」によると、来日前に送り出し機関や仲介者（送り出し機関以外）に支払った費用総額の平均値は、他国に比べてベトナムが最も多く、六八万八一四三円となっている。[*2]

ベトナム総務省統計局「ベトナム家計生活水準調査」（二〇二二年）によれば農村部の月間平均所得が三八六万ドン（約二万二〇〇〇円）と考えると、[*3]かなりの大金だ。場合によっては、借金が一〇〇万円にのぼることもある。それほどの大金を家族や親戚、金融機関から借りて、彼らは実習生を目指しているのだ。

実習を中断して借金を返済できないまま国へ戻れば、実習生本人だけでなくベトナムで暮らす家族も路頭に迷いかねない。チャンさんの両親が懇願するのも、その背景を知れば理解できる。

母親と生まれて間もない子どもを早々に引き離すこと、あるいは母親が育児を自分の両親などに任せて働き続けることに対して、日本では「子どもがかわいそう」「母親として失格だ」などと眉をひそめる人も少なくない。しかし、いってみればそれは、日本とベトナムの家族観、子育て観の違いであり、日本人的な価値観で判断するべきではないと私は思っている。事実、チャンさんの両親のように孫の面倒をみて、働き盛りの娘・息子が海外で働くケースは、ベトナムの地方において珍しくない。だから、「帰国させないでほしい」と涙ながらに訴えてきたときも、まったく驚きはしなかった。

「彼女が妊娠していることを承知のうえで、受け入れてくれる企業さんがあるかどうかは、正直、私もわかりません。しかも今はコロナの影響で、ただでさえ求人が減っている状況ですから。それでも、やれることはやってみます」

夫婦を雇った女性社長の〝英断〟

妊娠を理由にした不採用、あるいは解雇。もしも、これが日本人女性に対する処遇だったら、大きな社会問題になるはずだ。男女雇用機会均等法でも、妊娠・出産を理由とする不利益な取り扱いを禁止しているし、育児・介護休業法も同様だ。しかしながら、実習生という外国人に対しては、この違法行為があまりにも平然と行われている。コロナ禍中、さまざまな理由で行き場を失ったベトナム人実習生を保護するようになって発覚した、看過できない事実のひとつだ。なんとかしてこの悪習を変えなければと思うのと同時に、これから何かとお金がかかる二人のためにも、できるだけ早く再就職先を見つける必要があった。

その点、二人は本当に運が良かったと今振り返っても思う。岡山県の岡三食品という食品加工会社が働き手を探していると耳にしたとき、チャンさんは東京都の食品加工会社の内定を取り消されて間もなかったこともあり、私自身も難しいだろうと思い込んでしまっていた。田所雅江さんという女性の社長が上京するタイミングで、シェルターに足を運んで、その場で面接を行うことになり、ほかの実習生数名を推薦した。

「コロナ禍で、ここで暮らす人の数がどんどん増えていて、なかには妊娠中の子もいたりするんですよね」

面接後、雑談をしていると、田所さんがふとこんなことを言い出した。

「もしよかったら、その子にも会わせていただくことはできますか？」

思いがけない提案だったが、チャンさんだけでなくチュンさんも呼んで、二人揃って面接をした。そして後日――。

「生まれてくる赤ちゃんの父親もそばにいるならなおのこと、二人一緒に採用したいと思っています」

　チャンさんはシェルターにいる間、特定技能（後述）という在留資格を取得するために勉強し、さまざまな資格を取得していたため、再就職には比較的有利な状況だった。とはいえ、身体的にも精神的にも不安定になりがちな身重《みおも》の、しかも身近に頼れる人がほぼいない外国人を雇うということは、会社側にもそれなりの覚悟とサポートが必要なはずだ。田所さんはそれを承知のうえで、社員に対する義務ととらえていたが、子どもの父親も一緒に夫婦で雇うことは、会社にとっても二人にとってもメリットがあると考えたようだ。夫婦で暮らせるのであれば、何か起こったときもすぐに対応できるし、安心して仕事に臨むことができる。夫婦や家族で雇用するほうが、責任感が生まれ、長く安定して働いてくれるだろうという狙いもあったらしい。

「チャンさんは、ウチで働きながら出産の準備をしていけばいいし、チュンさんも今はちょっと頼りない感じだけど、父親になればしっかりするわよ！」

　そう言って笑う田所さんに、頼もしい社長だなと清々しい気持ちになった。田所さん自身が同じ女性というのも大きいのだろうが、たとえ実習生であっても、妊娠をライフステージで起こり得る、ごく自然なこととととらえてくれているのが、何よりも嬉しかった。一方で、妊娠が発覚したら「話が違う」と解雇して、ベトナムに帰国させ、コマのごとく新しい人を代わりに雇うことが当たり前になっている状況で、田所さんの英断がむしろ奇特に映ってしまうのが、悔しくもあった。

育児で孤立する新米ママ

チャンさんとチュンさんは岡山県に移り住んで、間もなく結婚した。同じ企業で、チャンさんはラーメン店のホールスタッフとして働き、チュンさんはむき甘栗の製造工場で働くことになった。

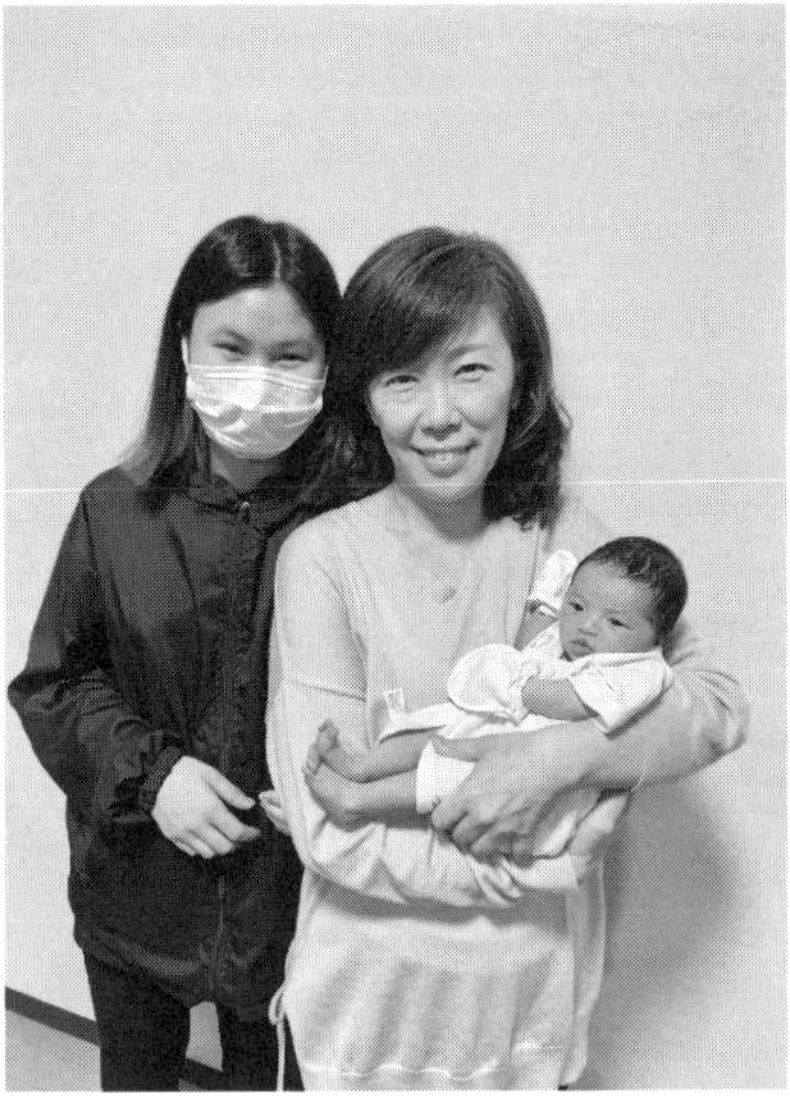

左がチャンさん、右が生まれたばかりの女の子。

費用がかさむ日本での出産より、ベトナムで出産するほうがよいと私は思っていたが、コロナの影響で帰国するのも難しかったため、チャンさんは東京で出産することになった。岡山県の新しい職場で三カ月弱

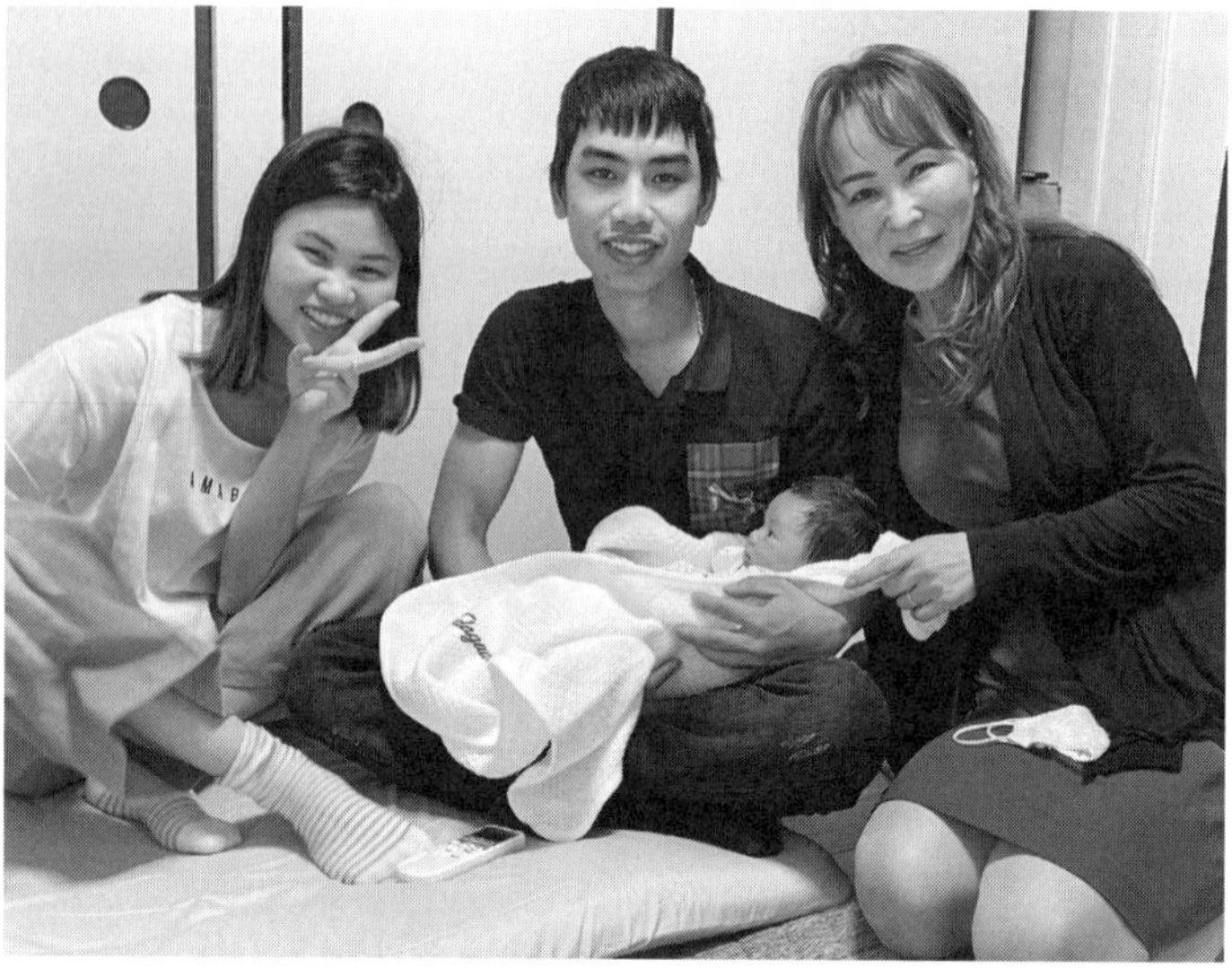

左よりチャンさん、チュンさん、赤ちゃん、岡三食品の田所社長。

働き、産休を取って再び上京。出産直前にコロナに罹患して急遽、転院を強いられるハプニングに見舞われたものの、二〇二一年四月に元気な女の子を出産した。

無事に子どもが生まれたことは、二人にとってゴールではなく、親としてのスタートであり、子どもとの生活をどうするべきか、産前から話し合いを重ねていた。もちろん三人で暮らすことを本人たちは望んでいたが、共働きをしながら育児をし、なおかつ実家に仕送りを続けることは、現実的な選択とはいいがたかったし、そもそも制度として許されていない。

二人の不安に追い打ちをかけるように難航したのが、保育園探しだった。多くの地方がそうであるように、彼らの生活圏も車での移動が前提となっているようなところで、保育園は点々と散在している。二人の職場は離れていて、自宅や職場に近い保育園はすでに満員。結局、どちらかといえばチャンさんの職場に近い保育園に入ることができた。だが、育児面でほかに頼れる人がおらず、チュンさんはチュンさんで家族のために頑張って働くほど自宅で過ごす時間が少なくなり、新米ママのチャンさんは孤立していった。

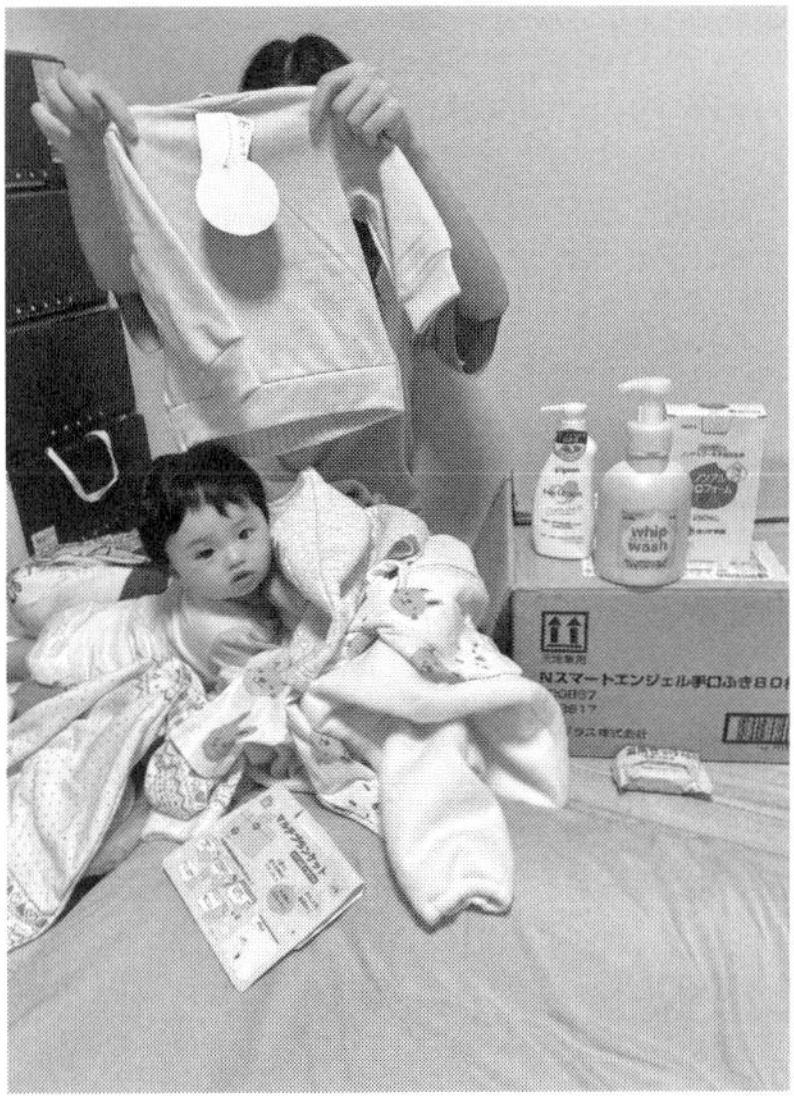
チャンさんは育児で追い込まれてしまった。

「先生、私もう、ベトナムに帰ります」

子どもが二歳になった頃、どこかで聞いたことのある言葉を、再びチャンさんは口にしていた。遠方にいる私に対して、以前のように簡単にSOSは出せないという気づかいもあったようで、またしても寝耳に水だった。チュンさんはというと、最

出産後、二人はチャンさんが働くラーメン店で結婚パーティを行った。

初に会った頃のチャラチャラした感じがなくなり、父親然としていたのはなんだか皮肉だった。

自分たちで選んだ道とはいえ、「こんなはずではなかった」と思ってしまうのは、無理もない気がした。彼らが生まれ育ったベトナムの地方は、今なお大家族が多く、子育ては家族全体、あるいは地域コミュニティで行う習慣がある。チャンさんたちのような働き盛りの世代は、親などに育児を任せて、外に出て働き、現金収入を得ることが、家族の一員としての大事な役割になっている。ところが日本では、稼ぐのも育児をするのも自分たち。子どもが急に熱を出したら、チャンさんは仕事を休んだり、早退したりせざるを得ず、その分、給料は少なくなる。さらに出産と同様、育児にもベトナムとは比べものにならないほどお金がかかる。借金を返すため、実家に仕送りをするため、貯金をするため、一生懸命働いて得た給料のかなりの割合が育児に回り、今までのようにはいかなくなっていた。

「ちょっと待って。今は子育てにも慣れなくて、大変な時期かもしれないけれど、せっかくいい仕事に就けたのだから、本帰国ではなく一時帰国をしてみれば？　親御さんも孫の顔が見たいでしょうから」

私はチャンさんに提案した。幸い、コロナによる出入国制限が緩和され、ベトナムと日本の行き来もできるようになっていた。ただし、ベトナムにいったん帰って、日本に戻ってくるということは、赤ちゃんを実家へ置いてくることを意味していた。育児ノイローゼといわれてもしかたのない状態になっていても、チャンさんはやはり、子どもと離れがたいようだった。

社長の田所さんとも相談して、チャンさんは子どもとともに二カ月ほど里帰りをすることになった。二カ月間にしたのは、在留資格が失効しないギリギリの期間を考えてのことだった。

実をいうと私も、二人の実家を二度ほど訪れたことがある。本当に、いい意味でも

ベトナムにて。左からチャンさんの年の離れた妹、母親、娘。

悪い意味でも何もない、時間が止まっているような村で、見かけるのは小学生以下の子どもたちと、祖父母世代（といっても四〇代くらいで、日本の〝おじいちゃん、おばあちゃん〟のイメージよりはるかに若い）以上の人たち。この子どもたちの親は一体どこにいるのかと不思議に思うくらい、姿が見えなかった。

数年ぶりに故郷の空気を吸い、親に対してようやく孫の顔を見せることができたチャンさんは、言いようのない懐かしさを覚えると同時に、実習生になる前の気持ちも思い出したのかもしれない。そして自分の居場所はすでに、日本にあるということも。そのことに気づかせてくれたのは、両親だった。彼らは、五歳になるチャンさんの妹の面倒をみていて、チャンさんの子どもを育てることも自分たちの義務と考えていた。

「だから、あなたは早く日本に戻って働きなさい」

これがベトナムの家族であり、実習生は一家の稼ぎ頭なのだ。

日本で親子一緒に暮らす夢

チャンさんとチュンさんは、再び子どもと一緒に暮らすことを目標にしながら、今も日本で働いている。それも自分たちがベトナムに戻るのではなく、子どもを再び日本に呼び寄せる形で。

制度（図2―3）の話をすると、「技能実習」という在留資格には一号・二号・三号の三種類がある。原則として一号から始まり、二号、三号とレベルアップし、それに伴って在留期間も長くなる。

具体的には、技能実習一号は入国後一年目の技能実習生に与えられる在留資格で、技能等を「修得」する活動を目的とし、職種に関しても単純労働以外であれば制限が

図2-3　技能実習・特定技能の在留資格移行と在留期間

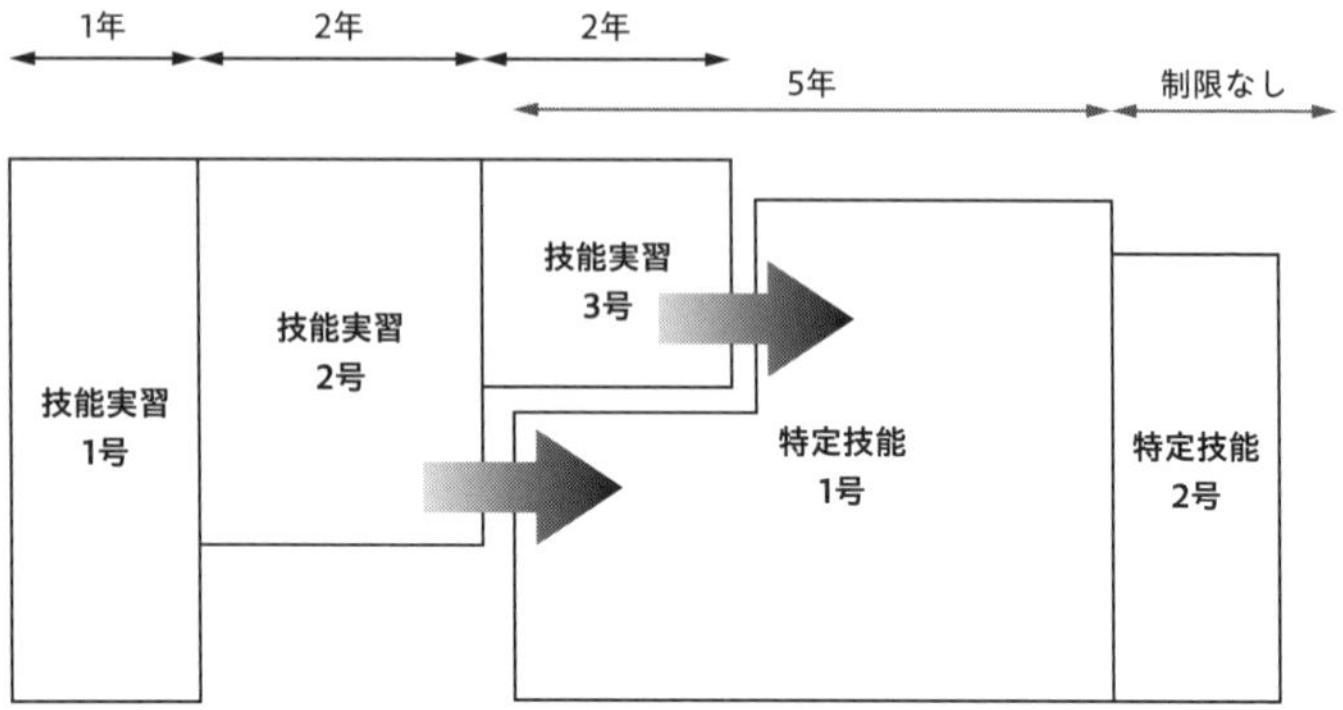

※特定技能1号は「試験ルート」での在留資格取得も可能。

ない。一号での在留中、学科・実技試験に合格すると、技能実習二号への移行が可能になる。ただし、二号は一号よりも対象職種が限られ、二号の対象職種ではない職種で働く一号の実習生は二号に移行できないため、実習期間が修了後、帰国しなければいけない。

技能実習二号は、実習二～三年目の技能実習生に与えられる在留資格で、一号で修得した技能などを「習熟」することが目的になる。同様にその間、試験に合格すると技能実習三号への移行が可能になるが、三号は対象職種がさらに限られるほか、受け入れ企業と監理団体の両者から、優良の認定を受ける必要がある。

技能実習三号は、技術等の「熟達」を目

的とした在留資格で、実習四～五年目の技能実習生が対象。よって、技能実習一号の時点で二号の対象職種に就き、三号まで移行できれば、最長五年間在留することが可能である。

そして、技能実習という在留資格のほかに、「特定技能」という在留資格が二〇一九年四月に新たに創設されている。先に触れたように技能実習が、表向きは技術等の「修得」「習熟」「熟達」を目的とし、単純労働を禁止しながら、人手不足を補う安価な労働力として扱われている実態は、かねてから方々で指摘されてきた。新設された特定技能は、いわば政府が外国人の単純作業を初めて認める在留資格で、即戦力となる人材を求めている。

要件をクリアすれば、技能実習から特定技能への移行も認められている。技能実習二号を二年一〇カ月以上、良好に修了した実習生は、同職種の分野に限って特定技能一号への移行が可能となり、その場合、特定技能一号の取得に通常必要とされる、技能試験と日本語能力試験が免除されるのも特筆すべき点だ。

特定技能にも一号と二号があり、原則として一号には家族帯同が認められていないが、二号になると母国から家族を呼び寄せることや、配偶者あるいは子どもなど家族と滞在することが可能になる。

説明が長くなったが、現在、特定技能一号で在留しているチャンさんとチュンさんは、二号に昇格して日本に子どもを呼び寄せることを目指しているのだ。

ただし、特定技能二号の発給数は二〇二三年末時点でわずか三七人、二〇二四年四月末時点で七〇人と、まだまだ少ない。対象分野はこれまで、建設と造船・舶用工業という二分野に限定されてきたが、二〇二三年六月には新たに九つの分野が追加された。二人が従事している飲食料品製造業や外食業も対象分野になったことが、希望の光といえる。

言うまでもないが、親子は一緒に暮らせるに越したことはない。家族帯同を認める在留資格は歓迎するが、その一方で、日常生活を送るのにも難のある日本語レベルの人たちが家族で暮らしていくには、行政サービスや公的なサポートはあまりにも手薄といえる。

たとえば、妊娠・出産に際しての病院とのやり取りや、出産育児一時金の申請、東京都から岡山県へ引っ越しする際の役所への届出、保育園探し、入園手続き……。生活上で発生する大小さまざまな手続きを、日本語能力試験のN3レベル（五段階中、真ん中にあたるレベル）で、ほかの実習生や特定技能外国人よりも日本語ができると目されている彼らでさえ、満足に行うことができないし、そもそもそんな手続きが必要なことすら知らない。ゆえに私たちのような支援団体が、可能な限りサポートしているわけだが、どうしたって限界がある。

今や欠かすことのできない労働力でありながら、結婚して、子どもを産み、家庭を築くという、人として誰もができるはずの営みが、いちいち困難な日本。

チャンさんとチュンさんが、この国で再び子どもと一緒に笑って暮らせる日は、本当に来るのだろうか。

第3話

「妊娠は病気」だから働けない？

大手人材派遣会社の〝親身〟な対応

「病気なので、これ以上、仕事はできませんね」

妊娠していることを派遣元のA氏（男性）に告げると、こともなげにこう言われて、グエン・ティ・ガーさん（当時三八歳）は愕然とした。

妊娠は病気なのだろうか。

いや、日本では妊娠が病気扱いされるのだろうか……。

SNS経由で、ガーさんから日越ともいき支援会に相談があったのは、二〇二三年一月中旬のこと。そのとき彼女は、愛知県のトマト農家で働いていた。

技能実習生として日本にやってきたのは、二〇一九年。青森県の縫製会社で働いていた一年目、受け入れ先が労働基準法違反で摘発される。詳しくはわからないが、おそらく残業代未払いや過重労働、あるいは不法就労の類《たぐい》だろう。それによって実習生の受け入れが停止になってしまったため、二年目からは山梨県の縫製会社に転籍している。

やがて、新型コロナウイルスの感染拡大が起きた。その影響で、帰国が困難になったり、受け入れ先の経営悪化により継続して働くことが難しくなったり、次の段階の在留資格に移行するために必要な試験を受けられなかったりする実習生に対して、政府は特例で雇用維持支援の「特定活動」と呼ばれる在留資格を与えた。ガーさんも縫製の技能実習を三年間で修了したのち、コロナ禍で帰宅困難となったため、雇用維持支援の特定活動を利用して異業種の農業で一年間働き、その後、特定技能一号の在留資格を取得している。

技能実習制度には、通常、受け入れ先と実習生をつなぐ役割として監理団体が存在する。対して特定技能制度の場合は、同じような役割の登録支援機関という組織がある。さらに、特定技能の対象業種である農業と漁業は少々特殊で、「派遣」が認められている。どちらの業種も、年間を通して繁忙期と閑散期が明確にあるため、労働者はその都度、繁忙期の現場に派遣される形で、安定して仕事が得られるよう配慮されているのだ。そのため、特定技能の外国人として農業分野で働くガーさんの雇用全般に関する窓口は、人材派遣会社Sとなっていた。外国人だけではなく、日本人も登録されている、大手の派遣会社だ。

ガーさんが私たちにコンタクトを取ってきた時点で、S社はすでにガーさんの妊娠を受け入れ先の農家に伝えていて、わずか六日後に契約終了となることが一方的に決められていた。

「私は出産経験がありますし、体調も問題なく、妊娠中も出産後も今まで通り働くことができます。それなのに、どうしてこの仕事を辞めなければいけないのでしょうか？」

ガーさんは焦っていた。そして困惑しながら、私たちに尋ねた。しかもよくよく話を聞くと、S社は契約終了と同時に住むところもなくなってしまうガーさんを、子どもの父親がいる山梨県へ半ば強制的に行かせようとしていた。

「私は山梨に行きたくありません」

子どもの父親は、通称〝技人国〟の在留資格を持つベトナム人だった。正式には「技術・人文知識・国際業務」という在留資格で、たとえば通訳やシステムエンジニアなど専門的技術や知識を必要とする、主にホワイトカラー職に従事する外国人のための、就労ビザの一種だ。いわゆるエリート視されるビザであり、技能実習や特定技能と比べて取得の難易度が高い。それゆえに、在日ベトナム人の間に存在する、ある種のヒエラルキーの上位に位置する。

その男性は、ベトナムに妻子がいたらしい。ガーさんもすでに二人の子どもを持つシングルマザーで、ベトナムの家族が子どもたちの面倒をみている。

「将来、その人の奥さんや子どもが日本に来て、一緒に暮らすと言っていました。だからこれ以上、関わりを持たなくていいんです……」

ガーさんは言葉を濁した。仮に日本で出産するのであれば、病院や行政などの手続き上、「子どもの父親が誰か」というのは大事になってくる。日本国籍を持つ人が父親である場合、その子どもも条件を満たせば日本国籍を取得することもできる。一方、両親とも外国人である場合は日本国籍を取得できないし、両親の在留資格によって子どもが在留資格を取得できるかどうかも変わってくる。

しかしガーさんは、ベトナムでの出産を希望していたので、そこに関しては私たちが説得すべきことではないと判断した。

「授かった命は、宝です。私のお姉さんには子どもがいないので、お姉さんに引き取ってもらいたいと思っています」

そう言ってガーさんは、優しい笑みを浮かべた。

ちなみにS社からは、今の仕事の契約が終了しても、二カ月間は休業補償として基本給の六〇%が支払われ、三カ月後からは失業保険を受けられるから心配することはない、という趣旨の説明を受けていた。一見、ガーさんのことを考えた、親身な対応のようにも思える。しかし、継続して働きたいという本人の意思を無視して、自己都合による退職として処理しようとしている疑いがあった。

団体交渉で間違いをただす

外国人労働者と雇用主の間で、賃金未払いや不当解雇などのトラブルは絶えないどころか、新型コロナウイルスの感染拡大とともに、増加の一途をたどっていた。技能実習や特定技能の在留資格を持つベトナム人から、私たちのもとに相談やSOSが連日届くことからも、それは察せられた。もはや彼らがいないと、日本の経済や社会は回らないといっても過言ではないのに、置かれている立場は弱く、吹けば飛ぶような存在であることを物語っていた。

こうした状況を少しでも改善すべく、日越ともいき支援会が全面協力する形で、二〇二二年一二月には労働組合「連合ユニオン東京・ともいきユニオン」が結成されている。このユニオンは合同労組で、社内にある労働組合ではなく、誰でも個人で加入できるのが特徴だ。中小企業に雇用されるケースの多いベトナム人労働者の、セーフティーネットになってほしいという思いがあった。

とりわけ妊娠案件に関しては、支援をする私たちとしてもかねてからユニオンの必要性を感じていた。たとえば今回のように、ベトナム人からのSOSで問題が発覚して、私が受け入れ企業や監理団体に処遇の改善を求めて、話し合いに行ったとする。そんなとき、〝NPOの者〟という肩書きだけでできることの限界も、痛感していたのだ。というのも、話し合いの席で「わかりました、善処します」などと前向きに受け入れてもらえて安心していたら、いつの間にか強制帰国させられていたことが、一度や二度ではなく起こっていたからだ。悔しいけれども、何の権限も持たない単なるボランティアによる意見など、彼らは大して気にも留めていなかった。〝支援者からの要望〟に応えてくれないのだったら、より効き目のある要求手段に変えなければいけない。それがユニオンの結成だった。

「ともいきユニオンの吉水です」

実際、こう名乗ることで、企業や監理団体の対応は明らかに変わった。

初めて対面したときのガーさんは、
すでに母子健康手帳を持っていた。

私たちはガーさんから最初のメッセージをもらった二日後に、愛知県にいる彼女のところへ出向いて、置かれている状況について改めて話を聞いた。そして退職予定日が迫っていることからも、急を要する案件だと判断。ガーさんはその日のうちに、連合ユニオン東京・ともいきユニオンに加入し、翌日付でS社に対して団体交渉を申し入れた。同時に、山梨県への不本意な引っ越しについても、キャンセルを要求した。

団体交渉とは、人によっては聞き慣れない言葉かもしれないが、労働者の集団や労働組合が、使用者側と労働条件や待遇などについて話し合いの場を持つことだ。団体交渉を申し込まれた使用者は、正当な理由なくしてそれを拒否することは認められず、もし拒否した場合は罰則を受ける可能性がある。仮に団体交渉を拒否されたり、団体交渉を行ったものの労働者の希望が叶わなかったりしたとしても、団体交渉の申し入れや実施の履歴が残ることは、ほかの支援に切り替える場合にも何かと有利に働くのだ。

S社との団体交渉は、一月末にオンラインで行われた。当初告げられた退職日はすでに過ぎていたが、団体交渉を申し込んだ時点で退職は保留となっていた。そのため、ガーさんは上京する直前まで受け入れ先の農家で今まで通り、トマトの葉っぱ切りや収穫を行っていた。

農作業で屋外にいる時間が長く、常に日差しを浴びているせいか、ガーさんの頬はいつも真っ赤に染まっていた。ベトナムの農村部で見かける、よく働いて、たくましく、しっかり者のお母さんといった雰囲気。家族と離れて暮らす異国の地で、お腹に赤ちゃんがいるのに、頼れる身内もおらず、自分の処遇が宙ぶらりんな状態で働き続けるのは、一体どんな気持ちなのだろう。じっとしているほうが不安だから、体を動かしているのかもしれない。あるいは最悪、仕事を辞めさせられるのであれば、一日でも一時間でも多く働いて稼ぎたいということなのか。

異国の地で病気になると、妙に心細さを感じるものだが、間違っていけないのは、妊娠は病気ではないということ。その間違いをただすために、団体交渉に臨むのだ。

好待遇だと思い込ませて

「私は妊娠していますが、体調に問題はありません。病気ではないので、これからも同じところで働きたいですし、産前産後休業を取ることを希望しています」

ガーさんはベトナムで出産したら、日本に戻ってきて働きたいと思っていた。そのため団体交渉の場では、特定技能一号の在留資格の更新、出産育児一時金の申請手続き、育児休業の申請手続き、妊婦健診における通訳などのサポートを希望していることもS社に伝えた。

事前に電話で、S社と団体交渉の日程などを打ち合わせした際、私が何も知らないだろうと踏んだのか、担当のA氏は一体何が不満なのかと言わんばかりに、次のような説明をした。

「ガーさんには休業補償が六〇%出ますし、ハローワークで手続きをすれば、それとは別に保険が支払われるんです。良い待遇だと思いますよ」

「ごめんなさい、『ハローワークで手続きをすれば』とおっしゃいますが、それって退職させて離職票を出すということですよね？　しかも、本人にはその意思がないのに、自己都合退職として処理をして。もし、私の言っていることが見当違いだとしたら、その『良い待遇』というのをもっと詳しく教えていただけませんか？」

A氏は、私が事情を知らない外国人労働者とは違うことにようやく気づいたようだった。私は気にせずに畳みかけた。

「ガーさんに、『妊娠は病気だから働けない』と言ったそうですね。それを聞いて私も驚いて、一人だけでなく複数の通訳の方に、ガーさんの説明を何度も訳してもらったんです。だけど、通訳が間違っているわけではないようでした。妊娠って病気なんですか？　御社では、妊娠を病気として扱っているんですか？」

A氏は、何も言わなかった。

「産休・育休を許可するのは、我々の当然の義務ですよ。ガーさんは男女雇用機会均等法で守られていますから」

団体交渉に出席したS社の副社長（男性）は、この交渉に至るまでのやり取りなどなかったかのように言った。

オンラインで行われたS社との団体交渉にて。前列の左がガーさん。

「そうですよね」

A氏も隣で相槌を打っている。

妊娠を病気とみなし、自主退職に追い込もうとしていたことは、「まったくの誤解である」とS社は主張した。

私は憤りを通り越して呆れてしまったが、ガーさんの希望が通るのであれば、これ以上、事を荒立ててもしかたがない。そもそも非自発的離職者を出してしまったら、この先、特定技能外国人の受け入れができなくなってしまうのだ。S社の手のひらを返した反応は、ある意味、想定内ではあった。

おかげで、こんな力強い言葉までもらった。

「ガーさんは、仕事ぶりもとても真面

目だと聞いておりますので、出産後は復職してもらいたいと思っています。できるだけ、我々を頼ってください」

「もう使えない」と今も扱われる女性

ガーさんはトマト農家での職を辞することなく働き続け、二〇二三年六月にはベトナムで元気な赤ちゃんを産んだ。

出産のために一時帰国する際、気をつけるべきことがひとつあった。在留資格の更新をどのようにするか、という点だ。ガーさんが所持している特定技能は、二〇一九年四月から導入された新しい在留資格だ。技能実習と同様に、原則として毎年更新する必要があるため、在留期間が満了する前に更新手続きをしてからベトナムに帰国しないと、日本に再入国するタイミングで切れてしまっている恐れがある。しかし、ガーさんのように農業分野で働く人たちは、繁忙期となる現場を比較的短い期間で転々とする就労スタイルが基本であるため、数カ月先の就労先が定かではない。これに対して入管（地方出入国在留管理官署）が、就労先の決まっていない状態で、就労ビザの一種であるこの在留資格の更新を許可することは難しい……そんな落とし穴があったのだ。

ガーさんも例外ではなく、再び日本に戻ってきたら、今とは別のところで働くことになるのは、ほぼ確実だ。だが、その場所が未定であっても、給料の支払いなどを行うガーさんの雇用主は、派遣をしているS社ということになる。

そこに着目した私たちは、S社がガーさんの再入国時に新たな就労先、要は派遣先を確保することを入管に約束すれば、更新手続きが許可されるのではないかと考えた。そして、S社を通して入管に確認すると、更新は可能だということになり、ガーさんは在留資格を更新してから一時帰国できることになった。

特定技能制度は創設されてから日が浅いうえ、その間、実質的に国境が閉じてしまった長いコロナ禍にも晒された。S社のような派遣会社も、特定技能外国人を雇用する企業の支援を行う登録支援機関も、受け入れ企業も、おそらく入管も、ガーさんのような外国人労働者が妊娠し、出産後の復職を望んでいるという前例が少なかったため、対応のマニュアルがないのだ。もっと率直にいえば、〝面倒なことにならない〟対処法として、一歩間違えばガーさんもそうなっていたように、退職に追い込んで、母国に帰してしまう。日本の法律や制度を詳しく知らず、正しい情報に行き着くのが難しい彼女たちの足元を見て、あたかもそれが最善の策だと思い込ませるようなことまでして……。

ガーさんは私たちに相談してくれたから、なんとか覆すことができたものの、「妊娠したら、もう使えない」と道具のように扱われてきた女性たちがとても多いことを、私は知っている。そしてかつて、ほぼすべての日本人女性たちも同じような扱いを受けていたことを、多くの人が知っているはずだ。もしも今、ガーさんにやろうとしたことを日本の女性に対して行い、その事実が白日の下に晒されたら、きっと大炎上するだろう。なぜ外国人女性に対しては、いまだにこんなやり方がまかり通ってしまうのか。

私たちは今、外国人労働者が妊娠したら出産して、また仕事に復帰するという、ごく当たり前の前例を数多くつくることで、受け入れる側にとっても、労働者にとっても、それが決して難しくないことに変えようとしている。個々の話し合いで解決するに越したことはないけれども、当たり前のことを実現させるために、団体交渉のような仰々しい場が必要となるのが、この国の実態だ。

妊娠したら、さようならと送り返す。そんな雇い方が許されていいはずはない。

第4話

児童相談所に赤ちゃんを奪われて

日本人の子どもを妊娠したけれど

「私の赤ちゃんを返して！」

グエン・ティ・ハーさん（当時二一歳）のことを思い出すとき、真っ先に浮かぶのは泣き叫んでいる姿だ。電話越しでも、初めて会ったときも、その後、何度も顔を合わせるなかでも、彼女はいつも泣いていた。

赤ちゃんを取り上げられてしまった母親として、狼狽《ろうばい》し、深く悲しみ、怒り狂い、不安に押しつぶされそうになっていた。

本当は笑顔のよく似合う、とても明るい子なのだと知ったのは、だいぶ経ってからのことだった。

ハーさんは二〇一九年四月に来日して、名古屋市の日本語学校に留学していた。留学生の多くがそうするように、日本語を学んだ後は専門学校に進学するつもりだった。卒業したら技人国の在留資格を取得して、日本で働くことを目標にしていた。ところが、そのスタートを切った矢先に妊娠してしまう。

相手は飲食店のアルバイト先で知り合った、二一歳の専門学校生B君。日本人だった。

妊娠を機に、二人は結婚したいと考えた。しかしB君の母親が、若い彼らの決断を許さなかった。ハーさんはB君の自宅まで足を運び、二人で何度も説得を試みたものの、認めてもらうことはできなかった。それどころか、結婚だけでなく出産にも反対され、「Bに子どもを認知させるつもりはない」とまで告げられる。結果、B君と別れてしまう。

お腹の子どもとともに「ノー」を突きつけられてしまったけれども、ハーさんだけは子どもを見捨てることができなかった。やむなく、一人で産もうと決意する。

そんななか、妊娠を知って助けてくれた人もいた。ハーさんが通

本来は笑顔が似合うハーさん(左)。
彼女がスマホのアプリで撮った私との2ショット。

う日本語学校の教師たちである。日本には、未婚のシングルマザーを対象にした公的手当があることを教えてもらい、アドバイスに従って市役所を訪問し、援助を求めたのだった。

赤ちゃんが消えてパニックに

市役所の職員から説明を受け、何度も窓口に通って出産育児一時金や、ひとり親家庭に支給される児童扶養手当の申請手続きを進めていく。しかし、日本の社会のしくみも、言葉もよくわからないまま、一人で子どもを産もうとしている若い外国人に、市役所職員は不安を覚えたようだ。特に職員の不安を煽ったのが、手続きに必要な書類のひとつとして提示された預金通帳だった。印字されていた残高は、七万円。どうやらそれが、ハーさんの全所持金のようだった。

裏を返せば、だからこそ公的な支援が必要であり、煩雑な手続きを行っていたわけだけれど、市役所職員から児童相談所に通報されてしまう。それを受けて児童相談所の職員は、ハーさんが暮らすワンルームのアパートを何度か訪問。彼女が生まれてくる赤ちゃんのために、ささやかながらおむつや衣類などを準備していた様子を確認し

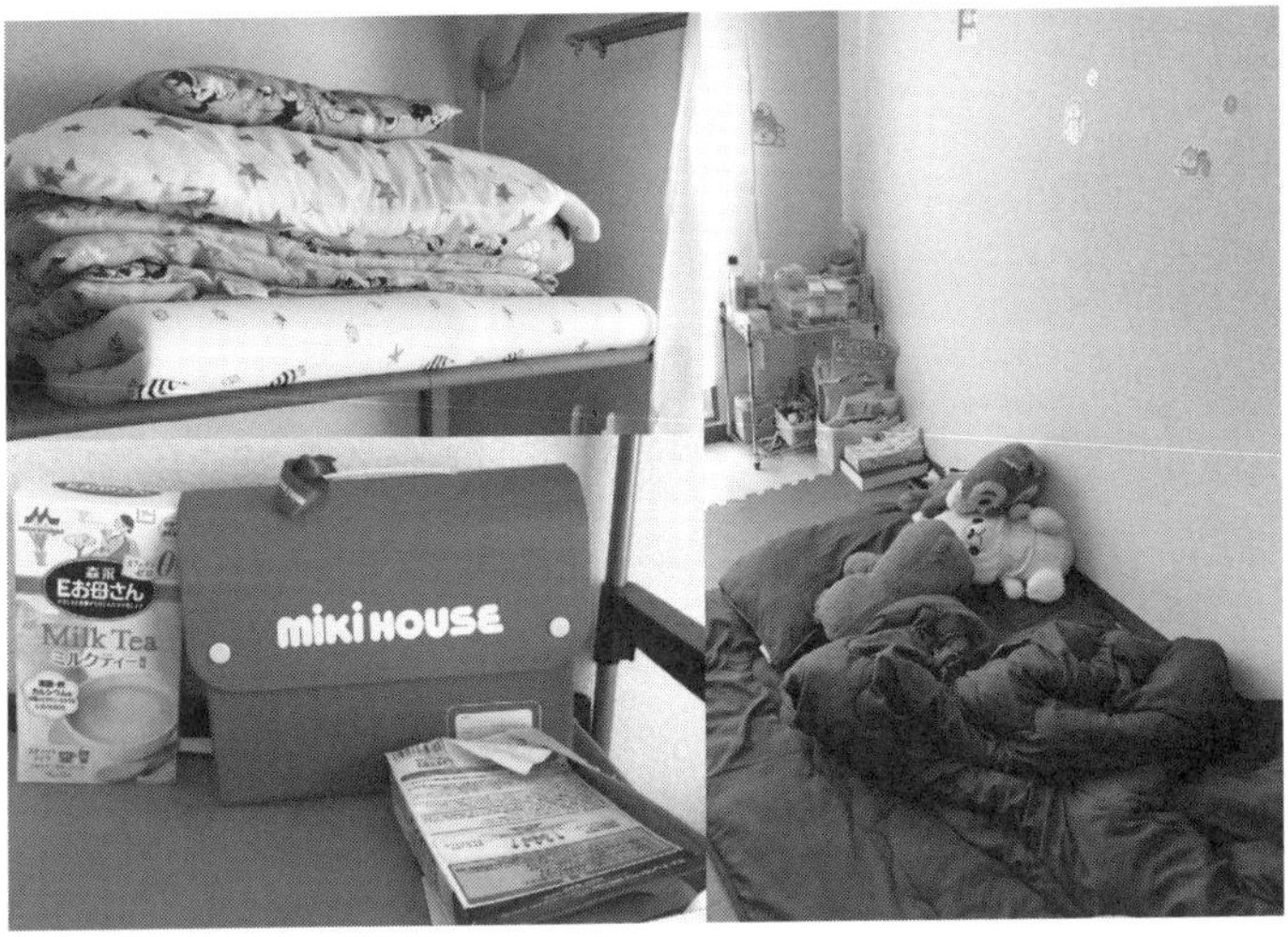

出産前にハーさんが生活していたアパートの一室。赤ちゃんのために準備をしていた。

ている。

二〇二〇年二月中旬、ハーさんは病院で女の子を出産した。そして、満足な育児ができないと判断した児童相談所は、〝無断で〟赤ちゃんを病院から連れ去り、一時保護してしまう。

気づいたら自分のもとから赤ちゃんがいなくなっていたのだから、ハーさんは産後のだるさを引きずりながらパニックに陥った。「無断で連れ去った」というのは、あくまでも彼女の主張で、何かしらの断りや通達があったのかもしれない。いや、「あった」と考えるのが普通だろう。いずれにせよたしかなのは、日本語のよくわからないハーさんが理解できるような説明はなされていなかったということだ。

ハーさんは日本で暮らす知り合いのベトナム人や、日本語学校の教師に助けを求めたものの、児童相談所が相手では誰もどうすることもできなかった。やがてベトナム人のツテで、名古屋市の緑豊かな郊外にある徳林寺に行き着く。ネパールやチベットでよく見られる五色《ごしき》の祈禱旗「タルチョー」が本堂の前で風になびいている、ちょっと変わった禅寺だ。住職はネパールに一〇年ほど住んでいたことがあり、日本で生活に困ったベトナム人をはじめとする外国人を三〇年ほど前から保護している。また、二〇一一年の東日本大震災の際は、被災者の受け入れも行っていた。まさに現代の駆け込み寺だ。

コロナ禍においても徳林寺は、路頭に迷った実習生や留学生を受け入れている。東海地域のベトナム人コミュニティともつながっていて、同じベトナム人を支援する立場として、日越ともいき支援会ともかねてから親交があった。

その住職から妊娠案件ということもあって、私のところに電話がかかってきたのだ。

「生まれたばかりの赤ちゃんを、児童相談所に取り上げられてしまったらしいのです。いろんなところを当たったようなのですが、どうにもならずお手上げ状態なので、助けてもらえませんか？」
淡々と説明する住職の声は、隣にいるらしいハーさんの泣き声にかき消されてしまいそうだった。

児相が子どもの引き取りを拒否

ハーさんが子どもを産んで一週間ほど経った頃、別件で私は神戸に行った。未知のウイルスがじわじわと、しかし確実に日本にも侵食していた時期で、私はよほどのことがない限り公共交通機関を避け、遠方にも車で移動するようになっていた。神戸の帰りに名古屋へ立ち寄り、赤ちゃんを一時保護している児童相談所にハーさんとともに出向いた。

「日越ともいき支援会というNPOの代表理事を務める、吉水といいます。私はここにいるハーさんの支援者です。そちらで保護している赤ちゃんを返してほしいのですが」

だが、対応した職員の態度は頑なで、冷たかった。

「NPOのあなたが突然来ても、子どもをお返しすることはできません」

児童相談所は全国に二三二カ所あり、うち一五二カ所が一時保護所を設置している（二〇二三年四月一日時点）。それぞれに担当地域が決まっていて、これまでも何度か一時保護されている子どもの引き取りを求めて、私たちが交渉を行っている。だけど、支援者として名乗り出ているにもかかわらず、こんなふうに拒絶されたのは初めてのことだった。

なぜ、ほかでは可能なことが、ここでは認められないのか。支援者がいてもダメなのであれば、どうすれば引き渡してくれるのか。何をどう聞いても「できません」の一点張りだ。

「こうして来ているのだから、せめてお母さんを赤ちゃんと会わせてもらうことはできないのですか？」

「面会を希望するのであれば、事前に予約を入れてください。その場合も、本人か弁護士でなければいけません」

支援者の私は、まるでいないかのような振る舞いだった。日を改めて電話すると、あのとき対応した職員につないでもらうことすらできなかった。

なぜ認知にこだわるのか

ハーさんは私たちに、資料として一枚の紙を見せてくれた。それは、児童相談所から発行された一時保護の通知書だった。ハーさんの手によって一度はビリビリに破られ、そしてまた彼女の手によってセロハンテープできれいに貼り直され、復元されていた。たかが一枚の紙切れに、さまざまな感情がこもっていて痛々しかった。

ハーさんがスマホのアプリで撮った赤ちゃん。

ハーさんに聞き取りをするなかで、思わぬ事実も明らかになっている。彼女の父親が日本にいるというのだ。児童相談所からつれない態度を取られてしまった私たちが次の作戦として考えたのは、その父親と連絡を取ることだった。どうやら宮城県にいて、技能実習三号の在留資格で働いているらしい。ということは、少なくとも三年以上は日本に在住していることになる。勤務先に連絡してみると、雇用主いわく、勤務態度もまじめで安定した収入もあるようだ。

私たちは会社を通してハーさんの置かれている状況を伝え、生活費として毎月一〇万円を送金してもらうことはできないか、父親に打診した。もし、安定した経済的援助をしてくれる家族がいることを証明できれば、児童相談所も赤ちゃんを返してくれるだろうし、当面の暮らしもなんとかなるだろうと踏んでの提案だったが、これに真っ向から反対した人がいた。ハーさんの母親など、ベトナムで暮らす家族だった。

ハーさんの家族構成も、父親の仕送りを家族がどう使っているのかも、私の知るところではない。ただ、所得水準が年々上がっているとはいえ、ベトナムの平均月収は六六〇万ドン（約三万八〇〇〇円、二〇二二年時点）だ。[*1] 家族にとって一〇万円の仕送りを失うことが一大事であるのは、容易に想像できる。

娘の生活を援助するか否かで家族間で諍《いさか》いが起き、「日本で勝手に子どもをつくった」ハーさんは、その元凶として責められる形になってしまう。

「これ以上迷惑をかけられないので、家族の言う通り、ベトナムに帰ろうと思うんです……」

出産前、B君やその家族から認知を拒否されても、一人で踏ん張ってきたのは、自分の家族には頼れないという思いがあったのかもしれない。最後の頼みの綱からも突き放されてしまったハーさんは、弱々しく泣きながら言った。

志半ばで打ちひしがれた彼女を、帰国させるわけにはいかない。私たちも最終手段に切り替えることにした。B君に対して強制認知を求めて調停を申し立てたのだ。

実をいうと私たちと出会う前も、彼女は日本語学校の教師のアドバイスにより、法テラスを利用して弁護士に依頼して認知を試みている。胎児認知といって子どもが生まれる前に行うものだったが、書類に不備があったのか、手続き自体がうまくいかないまま出産に至っていたのだ。

それに対して今回の強制認知という方法は、父親による自発的な認知（任意認知）が期待できない場合に、調停や裁判所の決定によって強制される認知となる。なぜ認知にこだわるのかというと、日本人であるB君が法律上の親子関係を認めることで、子どもは日本国籍を取得できるからだ。そうすると、ハーさんはB君とは婚姻関係になくても、日本国籍を持つ子どもの母親として、定住者ビザを取得することも可能になる。強制帰国を免れる可能性も高くなり、さらに生活保護の申請も条件によってはできるようになる。

母子の生活の安定を考えると、それが最も良い選択といえた。

犯罪をしたわけでもないのに

しかし、調停を進めているにもかかわらず、児童相談所は今回の事態を入管に報告して、ハーさんを赤ちゃんとともに帰国させようとしていることが判明する。すでに帰国便のチケットも押さえているという情報が、弁護士から届いたのだ。

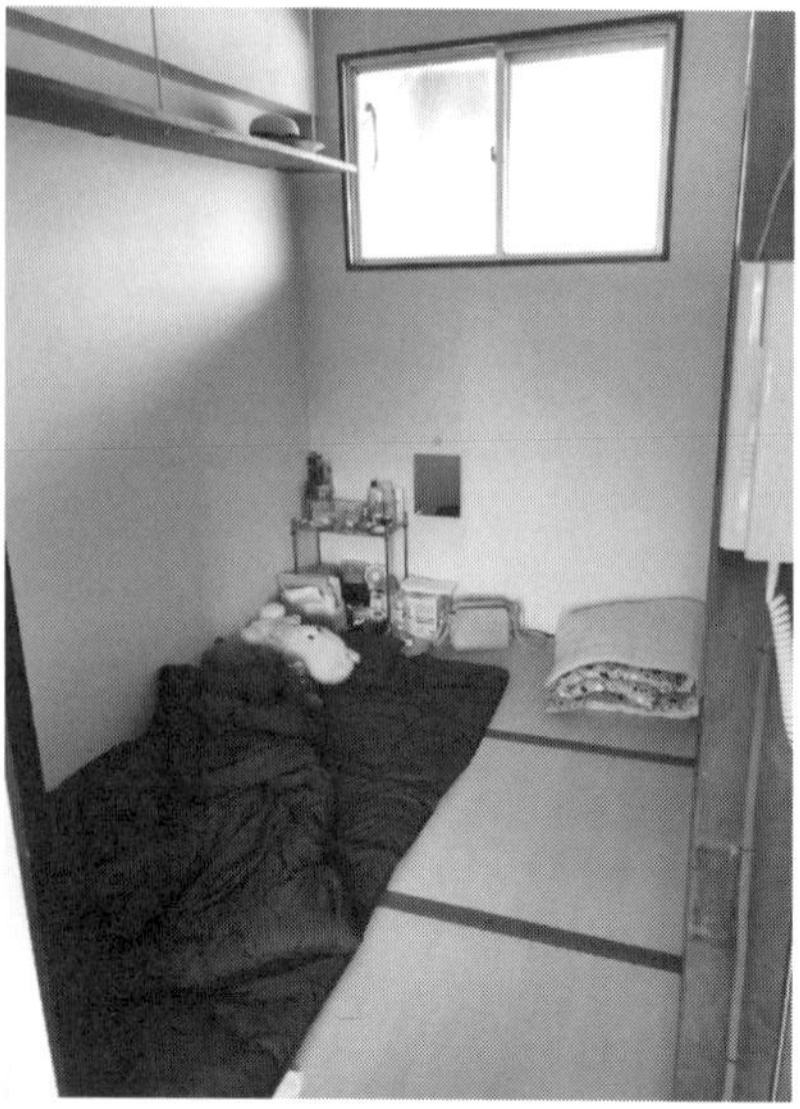
ハーさんと娘が暮らしていた
母子生活支援施設の一室。

たとえば、成績不良で除籍となり、在留期限が切れそうな留学生を母国へ帰すのなら納得もいく。しかし、日本で生まれた子どもに関する調停が進行中であることを把握しながら、その当事者をさっさと帰国させようとする行政の態度は許しがたかった。これまで妊娠した多くの技能実習生などが遭遇したであろう、面倒な案件は〝なかったこと〟にしてしまうこの国の常套手段を、支援をしている最中に目の当たりにして、こういうことかと合点がいった。

結局、ハーさんと赤ちゃんが帰国を免れたのは、入管が帰国の手配を取り消したからではなく、コロナウイルスが急速に感染拡大して国際線が飛ばなくなってしまったおかげだった。

名古屋駅周辺でベトナム人の友達と子どもを連れて遊ぶハーさん(中央)。

その間、調停でのDNA鑑定を経て、B君の子どもであることが明らかになり、強制認知は成立。弁護士の支援により、母子はようやく一緒に暮らせるようになり、母子生活支援施設(通称・母子寮)に入所することもできた。ハーさんは今、アルバイトをしながら子育てに励んでいて、B君ともときどき連絡を取り合っている。B君は父親として子どものことをかわいがり、子育てにも協力してくれているらしい。

ハーさんは日本語学校の教師や徳林寺の住職、名古屋市のNPO、日越ともいき支援会など、運良く多くの支援者に出会うことができ、修羅場と呼べるようないくつもの局面を切り抜けることができた。支援の事例としては、成功といっていいだろう。一方で、ハーさんのように抵抗する機会すら与えられず、帰国を余儀なくされた人たちの悔しさに、思いを馳せずにはいられない。


子どものすこやかな成長を守るために、児童相談所はさまざまな虐待を早期発見する重要な機関とされている。家族という閉ざされた場所に介入するのはとても難しく、それなのに何か起きてしまったときは、真っ先に責任を追及される立場でもある。

重々わかっているけれども、今回の一連の対応には、疑問を感じてしまう。

ハーさんは、犯罪行為やオーバーステイで摘発されたわけではない。日本人の子どもを妊娠した、留学生にすぎないのだ。

第5話

技能実習生の〝味方〟が助けてくれない

「赤ちゃんがお腹にいる人は働けない」


今の会社で七カ月ぐらい働いていていますが、妊娠してしまいました。

来週の月曜日、妊婦健診に行きます。会社に軽い仕事はないと言われて、一週間ぐらい休ませられています。

今会社は、寮にも住まわしてくれなくて、帰国させられそうです。

先生、今どうすればいいですか？（原文ママ）

二〇二三年六月、Messengerにこんな相談が飛び込んできた。いつものように、短い文章で簡潔に質問をして、今どこにいるのか、会社からほかにどんなことを言われたのか、監理団体に相談はしたのか……といった状況を確認する。Messengerのアイコンが女の子の顔になっていたので、てっきり私は妊娠した本人とやり取りしているのだと思い込んでいた。こちらの質問に対して淡々と答えるその相談主が、妊娠した女性の相手、つまり男性だとベトナム人スタッフの一人に指摘されるまで気がつかなかった。

ハー・ティ・ジャンさん（当時二一歳、女性）とファム・フィー・ジャップさん（当時二六歳、男性）は、ともに技能実習生で、日本に来る前から夫婦だった。ジャップさんは二〇二二年九月に来日して、岐阜県で働いていた。ジャンさんもほぼ同時期の二〇二二年八月に、実習生として日本にやってくる。しかし不運なことに、実習先として配属されたのは、岐阜県から遠く離れた福岡県にある食品製造工場だった。

日本に来ても遠距離婚を続けざるを得ない状況だったが、二〇二三年のゴールデンウィーク中に、ジャンさんはジャップさんのいる岐阜に遊びに行って妊娠した。どうするべきか考える間もなく、つわりは日に日にひどくなっていった。

ジャンさん（左）と、日越ともいき支援会の活動をサポートする私の娘（右）。

　多くの技能実習生と同様、ジャンさんも母国で多額の借金をして実習生になっていた。だから、体調が多少悪くなっても、お金を稼がなければならなかったし、働き続ける必要があった。しかし、監理団体の担当者にそのことをMessengerで相談すると、ジャンさんでも理解できるよう配慮された、ただしその内容に関してはひどいとしか言いようのない、ひらがなだらけのメッセージが返ってきた。

はたらけないんだよ、あかちゃん　おなかにいるひとは　I社（受け入れ企業）のしごとできないです・・・・

自分を守ってくれる立場だと思っていた人からの、まさかの回答に、ジャンさんは頭が真っ白になった。

法律を無視した監理団体と通訳者

なぜ、赤ちゃんがお腹にいる人は働けないのか。もしかしたら、自分が日本語を正しく理解できていないのかもしれない——。

居ても立ってもいられず、監理団体と契約しているベトナム人の通訳者に連絡を取った。監理団体から大筋を聞いていたらしい通訳者の反応は、輪をかけて冷淡だった。

「妊娠してしまったのだから、これ以上ここで働くことはできません。もし〝機構〟に相談に行ったら、あなたの夫の会社に報告しますよ」

機構とは、外国人技能実習機構（OTIT／Organization for Technical Intern Training）のことで、二〇一七年に施行された技能実習法（外国人の技能実習の適正な実施及び技能実習生の保護に関する法律）に基づいて、適正な技能実習の実行と、実習生の保護を目的に設立された組織だ。法務省と厚生労働省の認可法人で、実習生を受け入れる企業を監督するのが監理団体であるのに対して、機構はその監理団体を監理する立場ということになっている。具体的には、非営利団体である監理団体の許認可だけでなく、その取り消しや業務停止命令を出すこともでき、技能実習制度において大きな力を持っている。実際にどこまで機能しているのかはさておき、実習生に対してベトナム語、中国語、インドネシア語、ミャンマー語などの母国語で相談できる窓口があるほか、一時宿泊先の提供を行ったり、実習の継続が困難になった場合の転籍支援も行ったりしている。東京都港区の本部を筆頭に、全国一三カ所に地方事務所および支所があり、担当区域が決まっている。

ウェブサイトを見ると、「妊娠中の技能実習生のみなさんへ」という項目もある。

そこには、すべての漢字にふり仮名を振って、次のことが記されている。

・日本では、妊娠（子どもがお腹にいること）したことで仕事をやめさせることは法律で禁止されています。

・送出機関や監理団体は、あなたの妊娠を理由に、あなたが実習を続けたいのにあなたを国に帰すことは許されません。

・仕事をやめさせられそうになったり国に帰るように言われたら、外国人技能実習機構（OTIT）へ相談してください。OTITが助けます。

ジャンさんがこの情報にたどり着いていたのかどうかはわからないが、監理団体や通訳者の対応は、まさに「法律で禁止」されていることといえる。しかもこの通訳者は、機構へ相談に行かないよう、ご丁寧にジャンさんを脅してもいるのだ。

予定外の妊娠をして、会社に〝迷惑をかけてしまった〟ことが、夫の職場に知られたら、自分一人が仕事を辞めるだけでは済まないかもしれない。夫も何らかの罰を科せられて、共倒れになることだけは避けたい――。

冷静に考えたら、そんなことがあり得ないのはわかりそうなものだが、ジャンさんにとって監理団体や通訳者はすでに常識が通じない相手になってしまっている。

通訳者は、さらにジャンさんを追い詰めるようなことを言った。

「帰国するかどうか早く決めないのであれば、こちらで日程を決めて、飛行機のチケットを手配しますからね」

彼女には、選択肢すら与えられていなかった。

妻がもどかしい夫

監理団体と通訳者に突き放され、機構に相談することも許されず、身内以外に相談できるのは、受け入れ先のI社を残すのみだった。勇気を振り絞って相談すると、担当者は同情を示しつつ、しかしきっぱりとした口調で告げた。

「私どもが帰国させるようなことはありませんが、このまま仕事を続けるのはジャンさんにとって危険です。妊娠している人ができるような軽い仕事が、うちには残念ながらありません。あなたの希望で仕事を続けて、もし勤務中に死産したとしても、会社は責任を負うことはできません」

「軽作業がないから」というのは、企業が実習生に対して、妊娠を理由に就労の継続を断る際の常套句でもある。「こちらとしても働き続けてほしいけれども、体に負担がかかってしまう。あなたのためを思っての、苦渋の決断なのです」と気づかいを強調しつつ、しかたのないことだと諦めさせるのに、都合のいい言い訳として使われているのだ。しかし、建設現場ならまだしも、彼女が働いているのは菓子類や酒のおつまみなどの食品製造工場だ。ラッピングなどの軽作業がないはずはなかった。

回りくどい言い方をしているものの、従業員に対して退職を促す「退職勧奨」であることは明らかだ。それどころか、退職せざるを得ない状況にジャンさんを追い込むような説明は、違法とみなされる可能性も高いだろう。

夫のジャップさんは、八方塞がりになっている妻の代わりに、私たちに冒頭のメッセージを送ってきたのだった。

送り主がジャップさんだと判明して、彼の話を改めて聞いてみると、ジャンさんが仕事を続けることは、本人の意思というより、ジャップさんのほうが強く希望しているようだった。二人は技能実習生として日本に来て、一年も経っていない。実習生になるためにつくった借金を、まだまだこれから返していかなければならない。ジャンさんは周りに追い詰められて心が折れかかっているが、夫としては仕事を辞めさせるわけにはいかなかったのだ。

物理的に遠くにいる自分の説得よりも、会社や監理団体、通訳者に言われるがままに動こうとしている妻に、ジャップさんはもどかしさを感じているようだった。日々顔を合わせられる距離にいるのであれば、もっと違う説得のしかたがあるだろう。夫がそばにいない心細さを感じているうえに、日に日につわりがひどくなっていくなかで、勤め先から見放されようとしているジャンさんのことが気がかりでしかたなかったのだ。

「先生、彼女のことを助けてください」

岐阜県から離れることのできないジャップさんは、私に訴えた。

頼れる人が誰もいない

私はジャンさんと直接会って、これまでの経緯を本人の口から聞くために、福岡県へ向かった。その足で福岡市内にある機構（ＯＴＩＴ）の福岡事務所（以下、福岡機構）へ一緒に行って、監理団体やＩ社の対応を報告し、退職を回避できないか相談するつもりだった。

ジャンさんの職場と寮は、福岡市から電車で一時間ほどのところにあったので、福岡市まで一人で出てくることができるか事前にMessengerで確認をしたところ、「大丈夫です」と返事が来た。来日して日の浅い実習生だと、電車など公共交通機関の乗り方がわからない（もっといえば、その調べ方すらわからない）ようなことがままあるが、彼女の場合は岐阜県にも一人で行けるのだから、そのあたりは心配なさそうだった。

しかし、直前に心変わりをしてしまった。

「先生、やっぱり行けません」

「どうして？」

「つわりがひどくて、電車に乗ることができません」

短い文面には、疲労の色が滲《にじ》み出ていた。

結局、福岡空港でレンタカーを手配して、ジャンさんの住む町へと向かった。福岡機構には、彼女の体調を見ながら車で連れていくつもりだった。

「今、ジャンさんの寮のほうへ向かっています。お話をしたいので、近くに出てくることはできますか？」

「体の具合がよくありません」

道中でもメッセージのやり取りをして、彼女の様子を確認しつつ、なだめつつ、とうとう私は寮の前まで来てしまった。寮といっても彼女が住んでいるのは、会社が借り上げているごく普通のアパートだった。

聞いていた部屋番号のドアをノックする。

「ジャンさん、来たよ。日越ともいき支援会の吉水です」

ドア越しに気配はあるものの、沈黙が続き、ためらっているのが伝わってくる。

静かにドアを開けたジャンさんは、想像していた以上に憔悴《しょうすい》しきっていた。そして、怯《おび》えるような眼差《まなざ》しをこちらに向けて、「本当に来たんだ、この人」と言いたげな、驚きと困惑の表情をかすかに浮かべた。

「外の空気を吸ったら気分転換にもなるだろうから、ちょっとだけお話ししませんか？」

私の呼びかけに応じて、ジャンさんは部屋着とスッピンのまま出てきた。彼女の体調と精神状態を考えると、なるべく近所で、落ち着いて話せる静かな場所が望ましかったが、喫茶店はおろか、コンビニもすぐには見つからないような土地だった。とはいえ、これが地方の標準的な町並みでもある。実習生が人手の多い大都市で働くケースは限られていて、たいていはこういった人口減少に悩まされているような地方の中小企業が受け入れ先となっているのだ。

もはや頼れる人が誰もいないといっていいこの町で、狭いアパートの一室に一週間も閉じこもっていたジャンさんのことが、不憫《ふびん》に思えた。落ち着ける場所を探しながら、閑散とした風景とともに、彼女の孤独が実感を伴って迫ってきたのだった。

「私は〝悪いこと〟をした」

ようやく見つけたファミリーレストランに入り、話をした。ここ数日、満足にものを食べていなさそうだったので、何か口にしたほうがいいと勧めたものの、「何も食べられません」と弱々しく答えるのみだった。

「ひと口でもいいから、飲みなさい」

私はドリンクバーを注文して、グラスに注いだオレンジジュースを無理やり手渡した。

「お金は旦那さんが稼いでくれるから、私は働かなくてもいいんです」

ジャンさんは、ジャップさんの希望とは逆のことを口にした。

「ジャンさんの気持ちはどうなの？　働きたいとは思っていないの？」

「私は悪いことをしてしまったから、日本ではもう働けないんです……」

まるで罪を犯してしまったかのような、口ぶりだった。


彼女はまだ、二一歳なのだ。ベトナムの、特に地方であれば、母親になる年齢として若すぎることはないかもしれない。それでも周りの大人たちに「妊娠したあなたが悪い」と言わんばかりの対応をされてしまったら、いとも簡単に丸め込まれ、罪悪感を抱いてしまうような若さなのだ。

初産《ういざん》であることも、情緒不安定になっている要因のひとつといえた。ベトナム人の技能実習生、特定技能外国人、留学生の妊娠案件をいくつも扱ってきたが、初産婦と経産婦では精神状態が大きく違っていた。もちろんベトナム人に限ったことではないだろうが、経産婦の場合は少なくとも一度は出産を経験しているので、大小さまざまな問題が降りかかってきても、「無事に生まれさえすれば、どうとでもなる」とどっしり構えているようなたくましさがある。対して初産婦は、勝手のよくわからない国で、たいていは予定外の妊娠をして、とにかくメンタルが不安定になる。過剰に心配したり、神経が過敏になったり、鬱々《うつうつ》としたり、涙もろくなったり……。出産を望んでいるのか、望んでいないのか。日本とベトナムのどちらで産むか。ベトナムで産むとしたら、日本にまた戻ってきたいのか。子どもは親に預けるつもりなのか。刻一刻とお腹の命が育っていくなかで、決断しなければいけないことはたくさんある。「私、決めました！」と高らかに宣言したのに、一晩経ったらがらりと考えが変わっていたとしても、まったく驚かなくなってしまった。

青白い顔をして、虚《うつ》ろな目をしているジャンさんに向かって、私は言った。

「周りの人にいろんなことを言われたかもしれないけど、妊娠するのは悪いことじゃないんだよ。まだ働けるようなら、働いてもいいんだよ」

「だけど、もう何日も仕事を休まされているし、私にできる仕事はないと言われています」

「日本の法律では、妊娠を理由に仕事を辞めさせたりはできないことになっているの。だから、会社や監理団体はルール違反のことをやろうとしているんだよ。ジャンさんは、何も悪いことをしていないんだよ」

仕事を辞める必要はないこと。産前産後休業と育児休業を取ることができること。出産後は復職も可能なこと。そして、ジャンさんは悪いことをしていないし、妊娠は罪でもなんでもないこと――。小さい子どもに言い聞かせるように、同じことを何度も繰り返して説明した。

「今日の午後に会社へ行って、話し合いをすることになっているんです」

ジャンさんの言う「話し合い」は、つまるところ、退職届にサインさせられることを意味しているようだった。それを阻止するためにも、まずは福岡機構に報告と相談をする必要があった。しかし、ジャンさんを車に乗せて福岡市に連れていくのは、疲弊しきった様子からも難しそうだった。

しかたがないので、福岡機構に電話して事情を説明することにした。

何もしない福岡機構

「NPO法人日越ともいき支援会の吉水といいます。今、そちらの管轄地域にいるのですが、ベトナム人技能実習生が妊娠を理由に、実習を強制的に中止させられそうになっているんです。本来であれば、実習生と一緒にそちらへ伺いたいところなのですが、つわりがひどくて、移動が困難な状況なのです。機構さんがこちらに来ていただくことはできませんか？」

しかし電話口の担当者の回答は、事務的かつ冷淡だった。

「本人からの直接の相談がないと、向かえないのです」

理由を聞くと、「個人的に行きたいのはやまやまなのですが」とエクスキューズを加えつつ、「ルールだから行けない」の一点張りだ。

「だったら、ルールのなかで機構さんは何をしてくれるんですか?」

「まずは窓口となっている母国語相談センターに、メールを送っていただけますでしょうか」

「緊急事態だから、こうやって電話をしているんじゃないですか!」

「本人からの電話もしくはメールでないと、対応できかねるのです」

「だから、本人が私の隣にいるんです。本人と代わって話しますか?」

「いえ、今日はベトナム語の通訳人がおりませんので……」

「通訳なら、ウチのスタッフがやりますよ。それでも対応していただけないんですか?」

埒《らち》が明かない。正規の窓口から手順を踏んで相談をしないと受け付けてくれないのが、福岡機構の実態だった。しかも、困っているジャンさんに代わってこうして助けを求めているというのに、私のような支援者からの申し出は受け付けてもらえないのだ。

福岡機構に相談するという、簡単に思えた目的すら達成できないまま、次の予定のために私は早々にこの場を離れなければならなかった。

「先生、私、岐阜に行きます」

ジャンさんは言った。電車で福岡市まで出る気力はないものの、夫のいる岐阜県に行くのは話が別らしい。気持ちはわかるものの、私はジャンさんに念押しした。

「とりあえず週末はここで過ごして、月曜日まで待ってほしいの。今日はダメだったけど、機構にもう一度かけ合ってみるから」

説得もむなしく、ジャンさんは私と別れたその日の午後、会社に言われた通り、退職届にサインしてしまった。

仕事を失い、住んでいる寮からも近日中に出ていかなければならなくなったジャンさんにとって、そこはもはや何の縁も未練もない土地になった。もしかしたら、これ以上いたくない場所になっていたのかもしれない。精神的に追い詰められていたジャンさんを責めることはできないが、私が口を酸っぱくして言ったにもかかわらず、彼女は週末に福岡県を離れて、ジャップさんのいる岐阜県へ移動してしまった。

「岐阜に行っちゃったかぁ、しかたがないね……」

報告を受けたとき、その可能性が0％ではないと思っていたとはいえ、はしごを外された気持ちになり、力が抜けてしまった。

被支援者がこちらの思い通りに動いてくれないがゆえに、問題がさらに複雑化したり、最悪の場合、裏切られたりするようなことも、この活動にはつきものだ。私たちは先々の展開を何パターンも想定しながら、被支援者に今取るべき行動をアドバイスする。でも、助けを求めてくるくらいなのだから、たいていの被支援者は切羽詰まっていて、目先のことしか考えられない。大なり小なり不当な目に遭い、疑心暗鬼になっているから、私たちの助言でさえ「騙そうとしている」と思い込んだりもする。

なぜ、ジャンさんの岐阜県行きを止めたのか。もし今後、不当な処分を取り消してもらうために、I社に対して団体交渉を申し入れることになったら（その可能性はかなり高いと思っていた）、福岡県にとどまることは、仕事の継続を望んでいる意思表示にもなるからだ。その大前提を自ら覆してしまったわけだが、起きたことはしかたがない。次のプランに切り替えるまでだ。

福岡機構がすぐに動いてくれなかったことが改めて悔やまれたが、ジャンさんが移動した岐阜県を管轄する機構（ＯＴＩＴ）の名古屋事務所（以下、名古屋機構）に、この案件を福岡機構から引き継いでもらうよう依頼した。

名古屋機構も呆れた対応

数日後、私は品川駅から始発の新幹線で西へ向かっていた。名古屋機構の職員による立ち会いのもと、ジャンさんのいる岐阜県で、退職までの経緯や彼女の希望について、聞き取りをするためだった。名古屋駅の手前まで来た頃、電話がかかってきた。

「名古屋機構の◯◯です。申し訳ないのですが、今日はこちらが大雨で行けなくなってしまいました」

子どもの遠足か何かのように、雨天延期の提案をしてきた。スマートフォンで天気予報を確認すると、たしかに名古屋市周辺は雨の予報になっているけれども、岐阜県の目的地は快晴だった。

「こちらはもう名古屋に着くところなのです。雨で電車が止まっているわけでもないですし、約束を守ってください」

おかしいと思って問いただしてみると、本当は雨が理由で行けないわけではなく、担当者が別件で急遽《きゅうきょ》不在となってしまったという。呆れながらも、代わりの人でいいので誰かしら同席してくれるよう要請した。

ジャンさんが移動した岐阜県海津市の風景。右が友人の実習生ハーさん。

再会したジャンさんは、数日前と比べて顔色がずいぶん良くなっていた。夫と会ってほっとしたというのが一番だろうが、この場にいる彼女を心強くさせている理由がもうひとつあった。岐阜県で身を寄せていた、実習生つながりのハーさん（第4話とは別人物）という友人が同行してくれていたのだ。

「ジャンさん、わかってる？　あなたが希望することは、自分の口でちゃんと言わなきゃいけないんだからね！」

ハーさんはまるで妹の面倒をみるかのように甲斐甲斐しく、機構に伝えるべきことを事前に打ち合わせしてくれてもいた。

名古屋機構からは援助課と指導課の職員が二名やってきて、海津《かいづ》市のとある施設で聞き取りが行われた。監理団体とその通訳者、そしてI社からどんな対応をされて、退職に至ったのかを話したうえで、退職を取り消してほしいこと、産前産後休業を取ってベトナムで出産したいこと、出産育児一時金申請の手伝いをしてほしいこと、育児休業が明けたら復職したいこと……などを伝えた。隣に座っていたハーさんが、その都度「あれ言ってないよ、これ言ってないよ」とサポートすることで、ようやく自分の意思を伝えられた形ではあった。けれども、数日前のジャンさんの心ここにあらずな状態を思えば、上出来すぎるほどだった。

この聞き取りに臨むまでの数日間を一緒に過ごすなかでハーさんは、借金を残したまま仕事を辞めてしまうと後々どれだけ大変なことになるか、同じ実習生として親身になってジャンさんを諭《さと》してくれていた。こういうとき同胞の、しかもそれほど年も変わらない人のアドバイスは効果てきめんだなあと、やっぱり思う。

私も負けじと、ジャンさんに何度も説明してきたことを改めて伝えた。

「今はつわりがきつくて、前向きな気持ちになれないかもしれないけれども、赤ちゃんを産んで戻ってくるまで、在留資格を継続させることが大切なんだよ」

「先生、そんなことができるんですか？」

ジャンさんは、初めて聞いたと言わんばかりに私に尋ねた。いや、実際に彼女の耳に〝届いた〟のは、このときが本当に初めてなのかもしれなかった。

〝同胞〟が脅した理由

団体交渉を申し入れたところ、I社の言い分は一貫して、ジャンさんの意思に基づいて退職の手続きをした、というものだった。そして、監理団体やその通訳者のジャンさんへの対応を伝えると、非常に驚いた素振りを見せた。一方、監理団体に確認すると、あれほど名古屋機構に頼んでおいたのに、先日聞き取ったジャンさんの希望がまったく伝わっていないことが判明した。

私たちは最終手段として、出入国在留管理庁長官と厚生労働大臣に宛てて、「技能実習法令違反に関する申告書」なるものを提出した。ジャンさんに対して、技能実習法に違反する行為があったかどうか調査を依頼する、法的効力のある手続きだ。技能実習生の保護を謳《うた》っている機構は、そこまでしないと動いてくれないのだった。

聞き取りから約二週間後、団体交渉が行われた。会社側の出席者は、I社の社長と社員、監理団体の担当者、ベトナム人通訳者だった。

　こちらの予想通り、I社や監理団体は強制解雇のつもりはなく、双方に行き違いがあったことを主張してきた。私を苛立《いらだ》たせたのは、むしろ会社側のベトナム人通訳者だった。妊娠したことを告げたとき、ジャンさんを脅したのとはまた違う人ではあったが、団体交渉の間じゅう、通訳するだけでなく、ジャンさんに横柄な物言いをしたり、何かと自分の意見を挟み込んだりして話をややこしくしていた。挙げ句の果てに、ジャンさんの希望に対して「そんなことはできないはずだ」とまで言い出す。

「あなたがどう思うかなど、聞いていません！　自分の仕事を正確にしてください！」

　目に余り、交渉の席で堪忍袋の緒が切れてしまった。

　こういった場で通訳を担当するベトナム人は、たいていが〝技人国（技術・人文知識・国際業務）〟という高度人材の在留資格を所持している。日越ともいき支援会で働いている、通訳スタッフも同様だ。露骨な言い方だが、お金を積めば取得できる（でも、それが実情でもある）技能実習の在留資格とは難易度が違う。ベトナム社会のエリートとされる技人国の在留資格を所持する者のなかには、実習生を見下しているような人も残念ながら存在する。

そうでもなければ、なぜ妊娠したジャンさんを通訳者が脅す必要があるのか。おそらくそこには、「日本の企業や監理団体に迷惑をかける、ベトナム人として恥ずべき存在」という蔑《さげす》みの感情があるのだろう。

ジャンさんの支えになった友人のハーさんのように、心が通じ合えるのも同胞のよしみだけど、通訳者とジャンさんのように一瞬で上下関係を作ってしまうのも、悲しいかな同胞だからこそだったりするのだ。

〝産めない国〟のままではいけない

「ベトナムに一時帰国する場合、保険証はどうなるんですか？」

「産前産後休業は、いつからいつまで取れるんですか？」

「こういうケースは、今まで扱ったことがないんですよ……」

ジャンさんの一件では、機構が動いてくれないことに辟易《へきえき》したが、機構の職員から一人のNPOの人間にすぎない私が質問攻めに遭ったことで、納得した。彼らは「動き方を知らない」のだった。

だけど、機構だけを責めることはできない。とりわけ妊娠案件に関して対処方法を知らないのは、これまで機構に相談として上がってくる前に、受け入れ企業や監理団体の判断で強制的に退職させ、帰国させるのが常となっていたことを示している。だとしたら、これまで一体どのくらいの女性たちが、お腹に宿った小さな命とともにやむなく帰国してしまったのだろう。しかし、コロナ禍で実質的に国境が閉じてしまい、受け入れ側はこの常套手段が使えなくなってしまった。そして、日本国内で追い詰められた外国人女性が、私たちのような団体に助けを求めることで、水面下で繰り返されてきた悪しき慣例が露呈したのは、不幸中の幸いともいえるだろう。

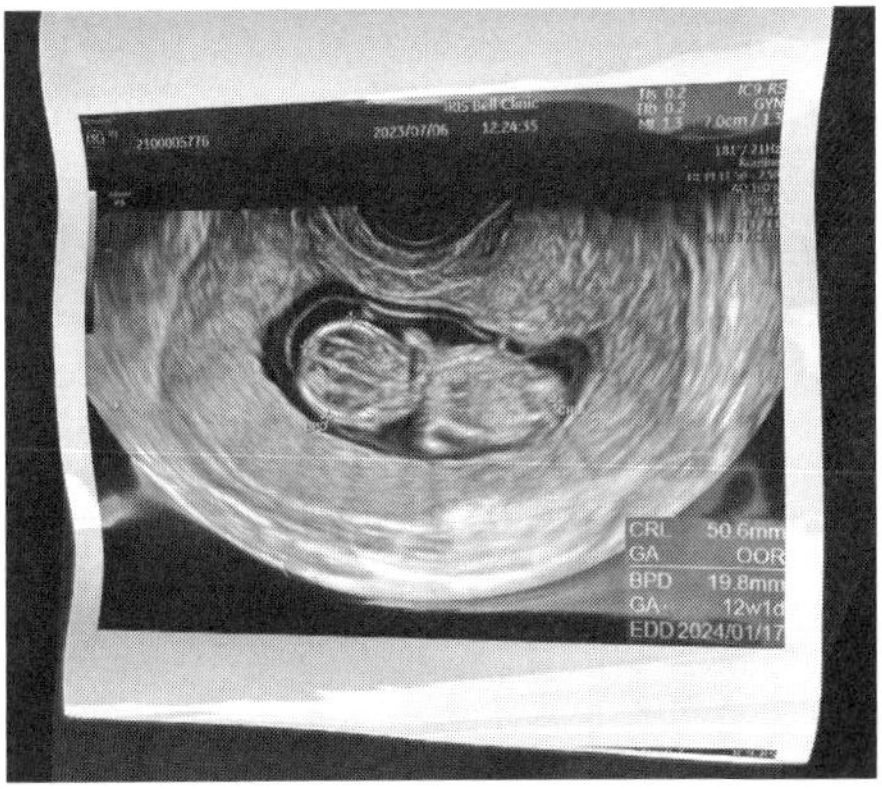

ジャンさんが見せてくれた胎児のエコー写真。

ジャンさんが帰国する前に必要な手続きとしては、9ページの「帰国予定が一年未満の場合」の通り、まず実習の継続が困難であることを申告する「技能実習実施困難時届出書」を機構に提出することだった。その際、出産後の復職の意思を問うアンケートに回答したうえで、「技能実習計画の変更認定申請」も行う。そして、「在留期間更新許可申請」を地方入管で行わなければならなかった。

さらに、出産育児一時金を受給するための煩雑な手続きをするうえで、留意すべきことも多かった。

こうした手続きの数々を、ジャンさんに代わってテキパキとこなしてくれたのがジヤップさんだった。これまで出会ったベトナム人カップルは、なぜか女性のほうがしっかりしているパターンが圧倒的に多かったのだけど、彼は稀に見る〝できる夫〟だった。一方、ジャンさんは精神的ダメージが大きかったようで、産休よりもかなり早めに休職（その間の保険などは会社が立て替え、復職後に給料から相殺することに）したものの、ベトナムに帰国して二〇二四年一月に元気な赤ちゃんを産んだ。出産後は再び日本に戻り、同年六月から福岡県の元の会社で働き出している。

今、私たちはときに機構のお尻を叩きながら、日本で働くベトナム人が妊娠しても、安心して出産でき、再び日本で仕事に戻る前例を増やしていこうとしている。前例がほとんどなかったのは、監理団体や受け入れ企業にとっても同様だ。そもそもれができることだという認識すらなかったのが、これまでの技能実習制度といえる。そして、その最悪の末路が実習生による赤ちゃんの遺棄致死だったりする。

同じ過ちを二度と繰り返さないためにも、〝産めない国〟のままであってはいけない。変わらなければいけないのだ。

第6話

介護士を目指す留学生の〝違反〟

高齢者を介護する外国人たち

超高齢社会といわれる日本において、介護は今や誰にとっても他人事ではない問題だ。年老いた親の面倒を誰がみるのか、あるいは自分自身が年齢を重ね、誰かの助けが必要になったときにどうするのか。介護業界では深刻化する人手不足を解消するために、外国人の雇用が年々増えつつある。

グエン・ティ・トゥイ・ズンさん（当時二五歳）も、そんな日本の介護現場を支える、貴重な外国人労働者の一人だ。私がズンさんと出会ったのは、二〇一九年一〇月、彼女が千葉県にある介護専門学校の留学生だったときだ。

ベトナム北部の港湾都市ハイフォン出身のズンさんは、現地の短大看護科を卒業後、日系企業の製造現場で半年ほど働いていた。それから日本で介護福祉士になる道を志し、留学から就労までがセットになった支援プログラムを利用する。簡単にいうと、プログラムを提供する機関から留学資金を援助してもらい、国家試験に合格して介護福祉士になったあかつきには、指定の介護福祉施設で一定の年数働くことで返済が免除される、奨学金制度の一種だ。

俗に「お礼奉公」と呼ばれるこういったしくみは、慢性的な人手不足に陥っている介護や看護の業界においては、人材を確保する手段として珍しくない。同時にトラブルも増えていて、足下を見られている〝日本で稼ぎたい外国人〟が多く巻き込まれている。

お礼奉公には、民間のプログラムだけでなく、「介護福祉士修学資金等貸付」という公的な制度もある。こちらはもともと日本人を対象に創設された制度だが、留学生の利用も増加していて、対象は厚生労働大臣の指定する介護福祉士養成施設に在学、または入学を予定している者となっている。貸付金額は、在学期間中に学費として月額五万円以内、入学準備金と就職準備金としてそれぞれ二〇万円以内、国家試験受験対策費用として一年度につき四万円以内となっている。卒業後は介護福祉士として、介護の業務に五年間継続して勤務することで返済が全額免除される。ただし、働く場所がどこでもよいわけではなく、貸付を受けた都道府県の施設でなければいけない（図6―1、6―2）。

ズンさんが利用したのは、日本の一般社団法人Cが提供するプログラムで、今まで金銭的な問題で日本への留学を諦めていた人や、将来、資格を取得して就労し、キャヤ

図6-1　介護福祉士修学資金等貸付制度のしくみ

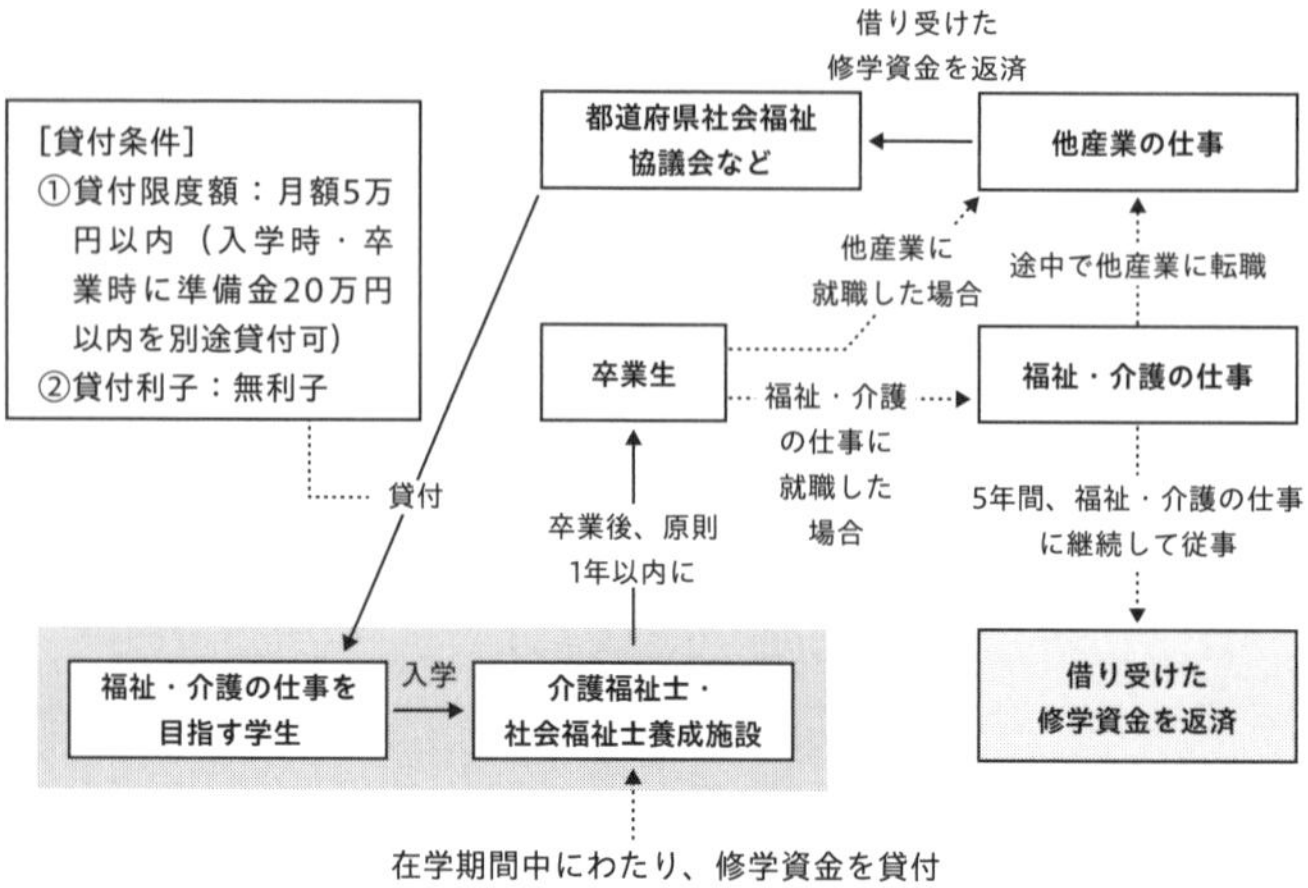

出典：厚生労働省

図6-2　外国人留学生への奨学金給付の支援事業

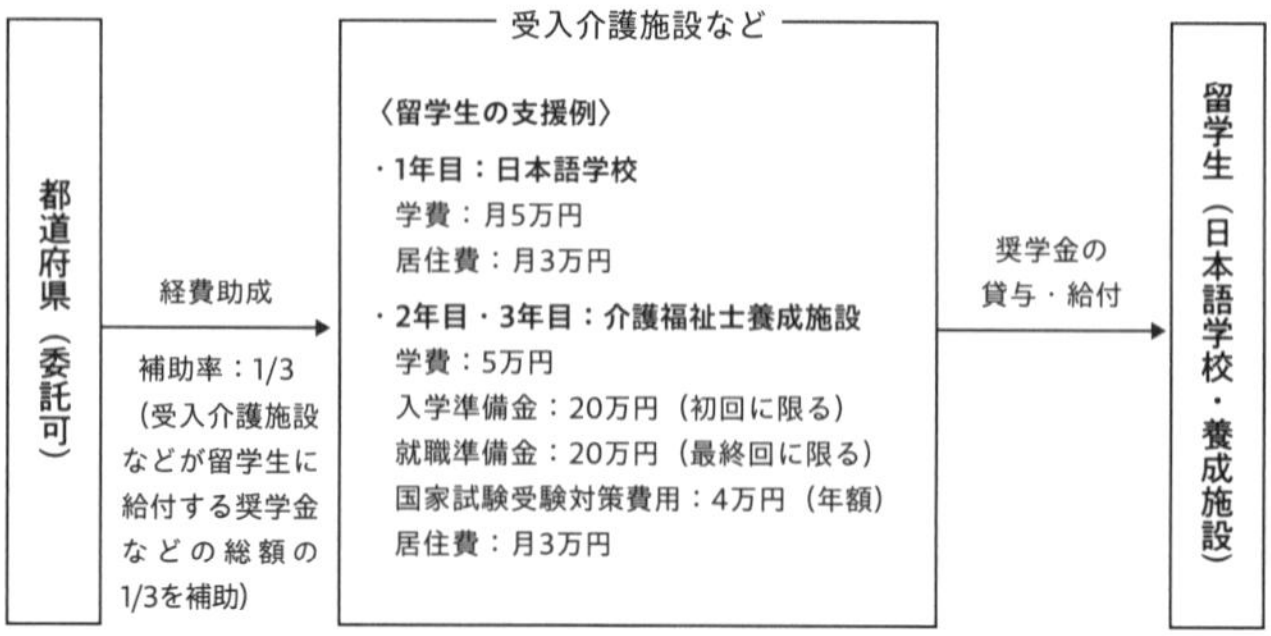

出典：厚生労働省

リアアップを目指す人のためのもの、と謳《うた》われていた。対象となるのは、Cが指定する現地の大学・短大の看護学部卒業（見込み）者で、年齢は数えで二〇～二六歳。さらに技能実習生としての来日歴がなく、独身で扶養義務のある子どももいないことも条件となっている。

プログラムに採用された場合は、ベトナムの研修施設に六カ月在籍すること、来日までに日本語能力試験のN４相当のレベル（基本的な日本語を理解することができる）に達すること、留学手続きや就職先斡旋《あっせん》の手数料として二五〇〇ドル（約三六万円、二〇二四年九月頭時点）を支払うことが求められる。ただしこの手数料には、ビザ申請のための書類準備にかかる費用や、渡航費などは含まれていない。

来日してからのレールもしっかり敷かれていて、Cの指定する日本語学校でまずは一年間学んでから、介護専門学校で二年間就学することになる。留学中は、同じく指定の介護福祉施設でアルバイトをして、授業料や生活費を賄うことを推奨。そして国家試験に合格したら、アルバイト先であった介護福祉施設で最低五年間、正規職員として働くべき、とされている。

これらを前提に、日本語学校と介護専門学校の入学金が免除され、双方の学費も支給されるのだが、さらに細かい「ただし書き」が設けられている。ひとつは、Cが指定するアルバイト、つまり将来就職することになる介護福祉施設以外のアルバイトをしてはいけないこと。また、この奨学金制度は就職予定の介護福祉施設からの出資によって成り立っているため、アルバイトの態度などに問題があった場合は、それまで受けた奨学金をすべて返済しなければならない。卒業後、正規職員としての就労期間が五年に満たなかった場合も、奨学金返済の義務を負うことになる。

Cの共済なるものへの加入も義務付けられていて、来日後、就学期間中は月一万円、就職後少なくとも五年間は、月一万五〇〇〇円の共済費を支払わなければいけない。介護福祉士の国家試験に合格すると、この共済費から一五万円が奨励金として支給される。

詳細を知れば知るほど、ビジネスとしてよくできたプログラムだと感じてしまう私の見方は、卑屈なのだろうか。

二五〇〇ドルもの手数料を支払わせたうえで、Cががっぷり組んでいる日本語学校や介護専門学校、介護福祉施設に〝斡旋〟すること。学費や生活費の補塡《ほてん》という名目で、やはり提携する介護福祉施設で働かせて人手を補い、ほかのアルバイトすら許さないこと。それなのに共済には強制的に加入させ、毎月共済費を徴収すること。何よりも、国家資格を取得できなかった場合はもちろん、決められた機関での三年間の学業と、少なくとも五年間の就業というレールから脱線してしまった場合は、それまでCから出資された金額をすべて返金しなければならないこと。

極端にいってしまえば、日本にいる八年間、ベトナムでの訓練期間を含めれば八年半、奨学金制度という鳥かごの中に囚《とら》われの身となるのだ。

しかも、ズンさんはベトナムの研修施設に入所してから、先に把握していた募集要項の内容とは異なる現実に直面する。まず期間は原則六カ月で、自費によって最大二カ月の延長が可能という説明を受けていた。にもかかわらず、なぜか一年間の在籍を求められ、五万円ほどの学費と、延長期間分の寄宿舎での生活費を別途支払わなければならなくなった。手数料も聞いていた二五〇〇ドルよりもはるかに高額となる、約五五万円相当を請求された。

日本でのアルバイトや就職の受け入れ先となる介護福祉施設を運営する、医療法人社団S会（以下、S会）からは、介護福祉士として同施設の常勤職員になったら、給与から毎月一万円を五年間支払う、という覚書を提示された。要するに、五年間のお礼奉公をきっちりやり遂げたとしても、学費などが全額免除になるわけではなく、六〇万円（＝月一万円×一二カ月×五年）は返済しなければいけなかったのだ。なんという、後出しジャンケン！　留学生の人生を軽視しているとみなされてもしかたのない、酷《こく》な仕打ちではないだろうか。

しかしながら、日系企業の仕事を辞めて訓練センターに入所し、新たな道を歩き出していたズンさんは、もう後戻りできなかった。

ズンさんと同じように、日本で介護福祉士になろうと希望に燃えていた矢先に、後出しジャンケンをされた留学生がほかにもたくさんいることを付け加えておかなければならない。こうした人たちが今、日本の高齢者をはじめとする要介護者の世話をしているのだということを。

出産したら在留資格が取り消し？

ベトナムでの研修を終えたズンさんは、二〇一八年四月に来日して日本語学校に入学した。翌年四月には順調に専門学校へ進学したが、八月に妊娠していることが明らかになる。出産予定日は二〇二〇年四月中旬と診断された。父親はベトナムの研習施設で出会い、技能実習生として日本に来ていた恋人のグエン・ドゥック・ミーさん

（当時二五歳）で、妊娠がわかったのを機に二人は結婚して夫婦になった。

「先生、僕では手に負えないので、相談に乗ってほしいのですが」

ある日、日越ともいき支援会の活動を手伝ってくれているベトナム人男性から、声をかけられた。私たちのもとには、日本で暮らすベトナム人から日夜さまざまな相談が届く。来日して間もない外国人が直面しがちな、生活に関する定番の困り事や、簡単なアドバイスで済むようなことは、在留歴で先輩といえるベトナム人スタッフが応じてくれる場合も多い。ズンさんの案件は、彼らでは対応しかねるようなより専門的で複雑な相談事として、私のところに届いたのだった。

新しい命を授かったズンさんは、専門学校を一年間休学して母国で出産したいと考えていた。出産後は、実家に子どもを預けて再来日し、復学することを夫婦揃って望んでいた。学校側もその経営母体であるS会も、基本的にこのことを了承していたのだが、在留資格に関して確認したところ、入管から待ったがかかった。

入管の回答は、要約すると次のようなものだった。留学生としての在留資格を持っているにもかかわらず、留学あるいはそれに関連する活動が三カ月以上止まってしまう場合は、在留資格が取り消される可能性があること。休学期間中は、アルバイトが禁止されること。仮に在留資格が取り消されてしまったら、復学を希望しているとしても再び在留資格が認められる保証はないこと。復学後、出席率が低い場合は、次回の在留資格の更新・変更が認められない可能性もあること。

つまり、子どもを産むことを選択すると、在留資格を失う覚悟もしなければいけないのだった。

入管の冷たい反応が予想外だったのか、手のひらを返すように態度を硬化させたのが、ズンさんの希望を認めていたはずのS会だった。

おそらくS会は、奨学金の回収に不安を覚えたのだろう。急遽、「妊娠・出産に伴う外国人介護福祉士養成の留学・就学プログラム違反に関する覚書」と題する文書を作成し、ズンさんとその保証人（両親または夫のミーさん）に対して突きつけてきたのだ。ここにある「違反」とは、ズンさんがベトナムあるいは日本で出産することによって在留資格を失い、お礼奉公を完遂させるために敷かれた八年間のレールを途中で離脱することになった場合を指している。そのときは、卒業した日本語学校や介護学校一年目の学費なども含め、これまで支給した総額二五〇万円近くをS会に返済しなければならない、という内容だった。

ここに至るまでにズンさんは、当初聞いていなかった分も含め、すでに多額の経費を支払っている。技能実習生として来日している夫のミーさんも同様で、それらはやはり家族などからの借金で賄っている。またしても繰り返される後出しジャンケンを、安易に受け入れるわけにはいかなかった。

妊娠は「留学・就学プログラム違反」か

私は日越ともいき支援会顧問の斉藤善久先生とともに、千葉県に住むズンさん夫婦に会いに行った。ズンさんはメガネをかけていて派手さはなく、「本当にこの子が相談をしてきたのだろうか!?」と、こちらが不安を覚えてしまうような、生真面目そうな女性だった。建設業の実習生をしているミーさんは、大柄で体格が良く、服装や佇《たたず》まいからはヤンチャな雰囲気を漂わせている。学級委員タイプの女の子が不良っぽい男の子に憧れる、あるいはその逆パターンのような二人だった。

ズンさんは留学生として日本語学校を修了しているので、一般的な実習生のレベルと比べると日本語はできるほうだった。

「妊娠したことを学校に伝えたら、いろんな書類が次々と送られてきたんです」

お腹がどんどん大きくなっていったズンさん。

「プログラム違反に関する覚書」をはじめとする、さまざまな書類を私たちに示しながら、ズンさんは途方に暮れていた。日本語ネイティブでも、読むのがうんざりする仰々しい言葉が並んでいる。相手に理解してもらうことより、自分の利権を脅かされないよう証拠として残すことが目的になっている、無表情な文書だった。

「これにサインしないと、私は学校を辞めさせられるのでしょうか?」

「サインなんかする必要はないし、学校も辞めなくていいから大丈夫。私が一緒に話をしにいきます。それよりも、あなたたち自身はどうしたいと思っているの?」

私は助けを求めてきた人に対して必ず聞くことを、改めてズンさん夫婦にも尋ねた。

「あなたたちの権利を守り、不当に扱われることがないように力を尽くします。だけど、それ以前に大事なのは、あなたたちがどう生きたいかっていうこと。妊娠が予定外だとしても、産むのか産まないのか、産むとしたらその後はどこでどうやって育てるのか、自分たちの学校や仕事はどうするのか、夫婦できちんと話し合いなさい。一番良くないのは、〝第三者から決められた〟という思いが後々まで残ってしまうこと。あなたたちの人生なのだから、納得をして選択してほしいの」

ズンさんの希望は、前もって聞いていた内容と大きくは変わらなかったが、出産する場所に関しては夫婦の間でも決めかねていた。というのも、このときはまだ新型コロナウイルスが感染拡大する前だったので、一時帰国して出産するパターンと、ベトナムの親を呼び寄せて日本で出産するパターンのどちらも選択可能だったのだ。コロナの影が忍び寄っていることなど、誰一人想像すらしていなかった。

休学・復学の前例をつくる

その後、ズンさんや斉藤先生とともにS会に何度も通い、交渉を重ねていった。

S会は「プログラム違反に関する覚書」を急遽作成したくらいなので、妊娠した留学生に対応するのは、今回がほぼ初めてのようだった。

「帰国させる以外に、一体どんな方法があるのでしょう?」

こんなことまで率直に聞かれる始末だったが、技能実習の現場では妊娠した実習生を帰国させて、水面下で〝なかったこと〟にしてしまう例が後を絶たなかったので、わからないことをこちらに聞いてくれるだけでも誠実かつ前向きな姿勢といえた。

一方、妊娠や出産の適齢期といえる若い女性を、海外から多く受け入れている学校側としては、「一人を許してしまうと……」という不安も拭いきれていないようだった。これに関しては、次のような話を何度もして、彼らを説得した。

「日本で生まれ育った学生にその選択肢があるように、安心した環境で出産できて、休学や復学もできる前例をつくることこそが、S会さんだけでなく、介護業界にとってもモデルケースになっていくのではないでしょうか。私たちもできる限りのお手伝いをしますので、どうか力を合わせて実現させましょう」

ズンさんもS会も、在留資格を取り消されることだけは避けたい、という思いは一致していた。だから、「留学に関する活動が三カ月以上止まったら、在留資格を取り消される可能性がある」という入管の回答から判断するに、当初希望していた一年間の休学は難しそうだった。

私たちは、日本とベトナムそれぞれで出産する場合のスケジュールと費用、ビザ関連で要する手続きなどを細かくシミュレーションした。留学生や外国人労働者の制度や法律に関しては、専門に研究している斉藤先生の存在が心強かったし、入管への具体的な問い合わせは、その都度S会がしてくれた。

休学せずに出産する策としてS会が提案してきたのが、陣痛促進剤を用いた計画分娩だった。予定日の四月中旬から前倒しして、三月の春休み中に出産すれば、新年度から通常通り学校に行くことができる。体への負担が気がかりではあったが、ズンさんも日本で出産する場合はその方向で承知した。

子どもの世話をどうするかについても、夫婦はギリギリまで迷っていたが、ミーさんの母親が来日してサポートしてもらうことで話はついた。

あとは実行に移していくのみ……となるはずだったが、二〇二〇年に入って新型コロナウイルスが日本でも猛威を振るい、計画そのものが覆されてしまう。

しかしながら、多少無理のある計画だったのは否めないので、覆されたことによって良い方向に動いた面もあった。ひとつは、専門学校の授業が基本的にオンラインとなり、学校へ毎日通わなくてもよくなったため、陣痛促進剤で計画分娩する必要がなくなったこと。これによってズンさんは、普通分娩で四月中旬に元気な女の子を産んだ。出産後も体調を戻しながら、オンラインで授業を受けられたのは大きなメリットといえた。

半面、コロナの水際対策として実質的に国境が閉ざされたため、ミーさんの母が来日できなくなってしまった。結果、出産時の病院の付き添いや、その後の育児のサポートなどを私たちが行うことになった。

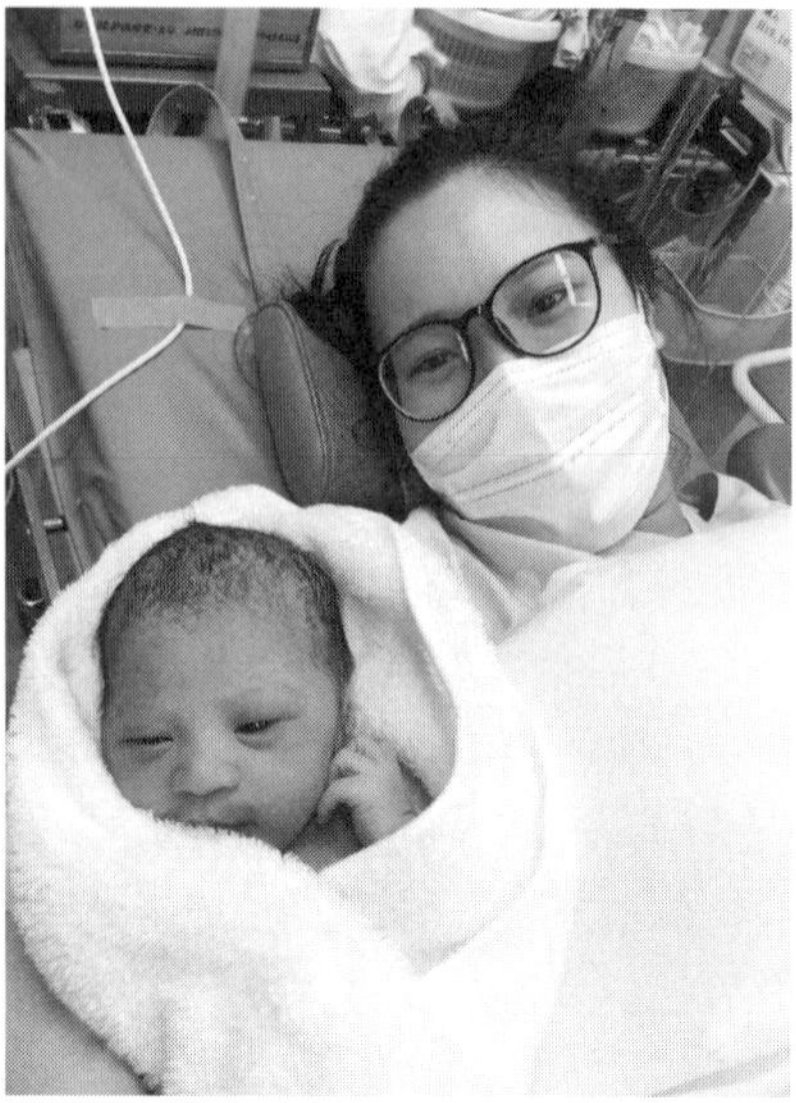

日本で無事に出産することができた。

といっても、日本語での簡単な日常会話さえ覚束《おぼつか》なかったりする技能実習生と比べると、留学生のズンさんはほとんどサポートを必要とせず、病院の手続きなどもたいていのことは自分でできていた。安易に助けを求めないのは、彼女の性格でもあるようだった。もっとも、ズンさんが出産したのは最初の緊急事態宣言の最中だったため、病院への付き添いや見舞いなどは、したくてもできない状況だったのだけれども。

コロナ禍のシェルターでの育児

S会との話し合いを通して、彼女たちの問題行動も実は発覚している。ズンさんはS会が用意した女子寮で、同じ専門学校の学生たちと共同生活を送っていたのだが、そこに幾度となくミーさんを連れ込んでいたらしいのだ。再三注意をしても言うことを聞かず、寮内でいかついミーさんと鉢合わせした女子学生が怯えている……と学校の先生が愚痴をこぼしたときは、私も正直、呆れてしまった。しかし彼女たちを支援する立場としては、呆れているだけでは済まされない。

後日、二人を呼び出して、きつくお灸をすえた。

「あなたたちは悪いことをしているつもりはないのかもしれないけれども、ひとつ屋根の下で生活している人たちが嫌がるようなことをやってはいけません。そもそも寮のルールを破っているのだから、まずはそこを反省しないと。とりあえず寮にミーさんを連れ込むのはやめなさい。セックスするなら、ちゃんとラブホテルに行きなさい！」

生まれた国や文化が違うと、ここまではっきり言わないとわかってもらえないことも、往々にしてあるものなのだ。

そんなわけで、ズンさんは女子寮を半ば強制的に退去させられていたため、出産直前は病院が近いこともあって、ミーさんがほかの実習生と暮らす男子寮（一軒家）に仮住まいしていた。荷物を運びに私も一度訪れたのだけど、男子寮なだけあって足の踏み場がないほど散らかっていて、一刻も早く退散したくなるような空間だった。生まれて間もない赤ちゃんを、こんな不衛生な場所で育てるのは忍びない。頼りにしていたミーさんの母親も来日できなくなっていたので、東京都港区にあった日越ともいき支援会のシェルターに、ズンさん家族が暮らせる部屋を用意した。

コロナ禍で突然解雇されてしまった実習生などが、六〇人ほどシェルターに身を寄せていた時期で、彼らが代わる代わる赤ちゃんの面倒をみてくれたのは、私としてもありがたかったし、ズンさんも同じ気持ちだったはずだ。

おかげで出産直後は、育児に関して十分すぎるくらいのサポートがあった。それなのに母子だけでなく、なぜかミーさんまで来る日も来る日もシェルターに滞在している。

「そういえば、ミーは仕事に行かなくていいの？」

ある日、本人に尋ねると、

「子育てが大変だから、休んでいるのです」

などと言う。

「仕事をしたくてもできない人がいっぱいいるのに、休んでたの!? 赤ちゃんの世話は心配しなくていいから、あんたは働いてお金を稼いできなさい！ 赤ちゃんの顔が見たいのなら、ここから通ってもいいから」

お尻を叩いて、働きに行かせたりもした。

ただしこれに関しては、ミーさんだけを責めることはできない。実習先である建設関連の会社はコロナ禍で仕事が減っていたので、ミーさんが〝休んでくれる〟ことは、むしろ都合がよかったのかもしれない。

結果的にミーさんは、休んだ代償として、技能実習を修了することができなかった。

胸が痛んだ夫婦の決断

二〇二〇年五月二五日に、首都圏一都三県と北海道の緊急事態宣言が解除され、コロナ前と同じとはいかないものの、少しずつ日常が戻ろうとしていた。ズンさんの学校の授業も徐々にオンラインから対面に切り替えられ、港区のシェルターから千葉県の学校へ通うために、日中、外出する時間が多くなる。新たな働き先が決まってシェルターを出ていく実習生が増えるなか、日中の長い時間、シッターをしてくれる人を確保するのは日に日に難しくなっていた。そろそろ潮時だと判断した私は、考えられる選択肢を二人に提示したうえで、今後についてよくよく話し合うよう促した。

「赤ちゃんを連れて、僕がいったんベトナムに帰ります」

数日後、ミーさんが夫婦の決断を伝えにきた。

私もそれが、将来的に最も良い選択になると思っていた。技能実習を中断してしまったうえに、間もなくその期間が満了となるミーさんが、新たに実習先を探すのは厳しい状況だった。家族三人でベトナムに帰国する選択肢もあるけれど、その場合、ズンさんが支援プログラムを離脱することになるので、奨学金の返済という名の多額の借金を抱えることになってしまう。

一時的に家族はバラバラになるものの、ズンさんが日本で残りの学生生活を送り、国家試験に合格して介護福祉士になれば、「介護」という在留資格を得ることができる。二〇一七年に新設された介護の在留資格は、技能実習や特定技能と違って在留期間の更新回数に制限がないうえに、家族（配偶者や子ども）帯同も認められている。だから一年弱我慢をすれば、また三人で一緒に暮らすことができるのだ。

ただし、ズンさんは最後まで悩んでいた。小さな我が子と離れなければいけないのだから無理もない。帰国の話をするたびに泣き出し、胸の内を切々と訴えた。

「本当は私も一緒にベトナムに帰りたいです。でも、借金はとてもじゃないけど、日本で働かなければ返せる額ではありません。将来のことを考えたら、こうするのが一番いいのはわかっているんです。でも……」

別れの日、成田空港でズンさんは人目をはばからず、声を上げて泣きじゃくっていた。二人にとってこれが最善の選択肢だという私の思いは揺るがなかったし、ズンさん自身も最終的に納得していたことではあったけれども、慟哭《どうこく》する姿を見るのは胸が痛んだ。

ミーさんは対照的に、終始冷静だった。

「先生、聞いてくださいよ。僕、一六〇万円くらい貯金があったのに、赤ちゃんのものをあれこれ買ってたら、彼女の妊娠中に全部なくなっちゃいました。日本ってほんとにお金がかかりますねー」

たしかに彼らは最低限のこと以外、こちらに援助を求めず、ベビーカーやおむつやミルクなどすべて自分たちで用意していた。私はてっきりそれも、ズンさんのプライドの高さによるものだと思っていたのだけど、実はミーさんの采配だったようだ。

別れを惜しむ母子を見守りながら、彼はこんなことも言っていた。

「本当は自分が働いたほうが稼げるから、借金さえなかったら奥さんのことを休ませてあげたいんです。介護の仕事はお金にならないですしね。今のままだと二人ともダメになっちゃうんで、ベトナムでリセットしてきます。僕は帰っても仕事があるので大丈夫です」

しっかり者の妻と、ちょっといい加減な夫という第一印象は、別れる頃には大きく変わっていた。

成田空港にて。家族との別れを前に泣きじゃくるズンさんを、ミーさんは優しく抱擁した。

留学生の妊娠・出産は〝目的外〟か

「先生、帰ってきましたよ！」

二〇二二年四月、久しぶりに三人と再会した。ズンさんが晴れて介護福祉士の資格を取得し、三人は再び日本で一緒に暮らせることになったのだ。成田空港で別れたときのあの小さな赤ちゃんが、今ではそこらじゅうを元気に走り回り、いたずらをしてはニカーッと笑っている。時の流れの早さを感じずにはいられなかった。

シェルターを出た後、ズンさんはＳ会に頭を下げ、「二度と男を連れ込まない」という誓約書を交わして、なんとか寮に戻してもらった。

介護の在留資格を取得すると、寮を出て２ＤＫの部屋を借り、家族で生活する空間を整えて、夫と子どもが日本に戻ってくる日を首を長くして待っていたらしい。

ベトナムから戻ってきたミーさんは、かつてのチャラい雰囲気がまったくなくなり、最後に会ったときよりもさらに頼もしい〝お父さん〟になっていた。

未曾有の事態といわれたコロナ禍。そのなかで綱渡りの選択続きだったけれども、

2023年、家族3人で成田山に初詣。

三人揃って笑顔で再会を果たし、ようやく私も肩の荷を下ろすことができた。

しかし同時に、最長八年にもおよぶ長いレールのなかで、妊娠・出産が一切考慮されていない外国人の留学・就労事情に、改めて異議を唱えずにはいられない。そのようなプログラムを問題にもせず認めて、在留資格を与えている入管に関しても、同様だ。

妊娠・出産は目的外だから、在留資格が取り消される？
勉強や仕事など「生きる」ことと並行して、妊娠・出産は起こり得る出来事なのだ。

第7話

日本の大人に騙された シングルマザーの涙

SNSで出会った日本人男性

支援は、する側とされる側の双方が信頼し合い、協力しなければ成り立たない。そう考えるのは、支援をする側の傲慢だろうか。被支援者が、行き先を告げずに姿を消してしまったり、自立のために貸したお金をよからぬことに使っていたり、帰国まで見届けたはずなのに、なぜかまだ日本にいることが発覚したり……。ごく稀にではあるけれども、こちらの気持ちを踏みにじられるようなことが起こる。だから、その人が本当に困っているのか、情に流されず、冷静に判断する目を持つことは、支援者として非常に大切なスキルともいえる。だけどそれは、スキルとは呼ぶには心もとないくらい感覚的なことだったりもする。

完璧なコミュニケーションとはどんなものなのか、説明するのは難しい。同じように、支援が人間と人間の関わりから生じるものである限り、完璧を求めることはそれこそ支援者の驕《おご》りなのかもしれない。

二〇二一年八月、東京都の荒川区役所からベトナム人の通訳と支援の依頼が舞い込んできた。その女性、ホアさん（仮名、当時二三歳）は切迫早産と診断されて、緊急入院していた。相手の男性とは、すでに連絡が取れなくなってしまっていた。

ホアさんが留学生として日本に来たのは、二〇一八年四月のことだった。東京で通う予定の日本語学校の学費は、農業を営む両親が工面してくれた。長女のホアさんには一歳違いの妹がいて、両親は大学生の妹にも仕送りしているし、さらに中学生と小学生の妹も控えている。家計が決して楽ではないことを知っていた彼女は、アルバイトをして学費や生活費を賄うだけでなく、そこから実家に送金もしていた。

来日した年の一二月、東京での暮らしにもだいぶ慣れてきた頃、ベトナムでメジャーなZalo《ザロ》というSNSを介して、日本人男性Xと知り合う。Zaloは、日本におけるLINEのような位置づけの、ベトナム発メッセージングアプリだ。家族や友人などとメッセージのやり取りや、音声・ビデオ通話ができるだけでなく、InstagramやFacebookのような感覚でタイムラインに写真などを投稿することもできる。

LINEにはない機能で、Zaloを特徴づけているのが、近くにいるユーザーをGPSで探すことのできるNearby《ニアバイ》だ。この機能をオンにしているユーザー同士は、知り合いでなくても、メッセージを送るなどして簡単につながることができる。要するに、多くのベトナム人が知人との連絡ツールとして使っているアプリには、マッチング機能も備わっているというわけだ。二〇二四年九月時点で、Zaloは日本語には対応しておらず、ベトナム語と英語バージョンのみとなっている。それでも、ベトナム人女性（あるいは男性）と出会いたい人へのおすすめアプリとして、インターネットで少し調べればさまざまな情報が日本語で出てくる。

もちろんそれ自体は悪いことではないけれども、GPSで位置情報を検索して赤の他人とつながることのできるアプリが広く浸透しているのは、日本のスマートフォン事情と明らかに異なる点といえる。それがベトナムの若い世代の出会いの感覚にも、多かれ少なかれ影響を与えているであろうことを、あえて記しておきたい。

Xはzaloでホアさんのことを見つけて、連絡を取ってきた。初めて直接顔を合わせた日、二人はとある病院へ行っている。体調が優れず、医者に診てもらいたいものの、日本語でのコミュニケーションに不安を感じていたホアさんに、Xが付き添ってくれたのだった。

以来、たびたび会うようになった二人が、肉体関係を持つのにそれほど時間はかからなかった。セックスをするのはラブホテルと決まっていたが、蒲田や新橋、横浜など、そのときどきで場所は違っていた。

年齢を尋ねると、Xは四〇歳と答えた。どんな仕事をしているのか詳しいことはわからなかったが、国内だけでなく、海外に出張する機会も多く、あちこち飛び回っているようだった。自分の倍ほどの年齢で、四〇代後半の両親と世代的には変わらなかったけれども、年の差は大して気にならなかった。むしろ海外生活の心細さを慰めてくれる、優しい大人の男性に思えて、ホアさんは純粋に恋愛感情を抱いていた。

セックスの後に薬を飲まされた

留学生の本分は勉強なので、アルバイトをするためには入管で「資格外活動許可」というものを取る必要がある。なおかつ勉強とアルバイトの比重が逆転して、働くことが滞在のメインになってしまわないよう、入管の本音をいえば、就労目的で留学生の在留資格を取る人が出てこないよう、アルバイトには時間制限も設けられている。具体的には、学校があるときは週二八時間、夏休みや冬休みなどの休業中は一日八時間、週四〇時間となっていて、残業もその時間に含まれる。

ホアさんも当然このルールに則《のっと》って、お好み焼き屋やホテルの清掃のアルバイトを掛け持ちして、学校に通っていた。経済的に苦しいことを知ってか知らずか、Xはホテルでセックスすると、小遣いを渡した。金額は一万円のときもあれば、二万円のときもあった。

二〇二〇年三月、ホアさんは一年間通った日本語学校を卒業する。その後は日本で専門学校への進学を希望していたのだが、新型コロナウイルスが急速に感染拡大して、進学は頓挫し、アルバイトもできなくなってしまう。宙ぶらりんの状態になった彼女は、コロナ禍における特例措置として、帰国困難者や雇い止めされた外国人を対象に出された「特定活動」という在留資格を取得する。派遣会社に登録して、ファストファッションブランドで衣類の発送業務に携わるほか、弁当屋などでもアルバイトをしながら、東京での生活を続けていた。

あるとき、いつものようにホテルで落ち合うと、Xから海外出張の際に買ってきたという薬を渡された。セックスのすぐ後にこれを飲むと、妊娠しないのだとXは説明した。そして、コンドームをつけずに行為に及び、ホアさんは言われた通りにピンク色の錠剤を飲んだ。

今となってはその薬がなんだったのか、確認のしようがない。けれども、おそらくそれは、アフターピル（緊急避妊ピル）と呼ばれるものだろう。避妊に失敗したり、避妊をしない性行為で妊娠を望んでいなかったりする場合の緊急措置として用いられる薬だ。性行為から七二時間以内に服用すれば、八割ほどの確率で妊娠を阻止できる。二四時間以内であれば、妊娠阻止率はもっと上がるといわれている。日本では、薬局などで普通に買うことはできず、医師の処方箋が必要となる。基本的には、実際に服用する女性しか手に入れられないことになっている。

ホアさんの記憶では、セックスの後にXが用意した薬を飲んだことが、少なくとも三回はある。

妊娠を伝えたら音信不通に

二人は二〇二一年一月に破局している。

それから一カ月過ぎ、かすかな不安がホアさんの頭をよぎった。日を重ねるごとにそれは無視できないものとなり、三カ月が過ぎた頃には大きな石のようにどっしりと、心の真ん中に居座っていた。

もしかしたら、妊娠しているかもしれない――。

いつまで経っても生理が来なかったのだ。

しかしホアさんは、誰にも相談することができなかった。Xと別れてしまった今、こんな不安を打ち明けられる相手がいなかったのが、理由のひとつ。もうひとつは、「妊娠したかもしれない」という疑いそのものを、一人ぼっちになった彼女が受け入れがたかったことだ。

そうやって妊娠の疑いを頭のなかで何度も打ち消そうとしている間、お腹に宿った命は着実に育ち、初期中絶手術が可能とされる妊娠一二週はとうに過ぎてしまっていた。それ以降二二週未満の手術は中期中絶となり、人工的に陣痛を引き起こして〝出産〟することになる。体への負担も大きく、入院が必要になるうえ、手術後は役所へ死産届の提出や、火葬などの手続きもしなければならない。

日本のこうした人工中絶事情、あるいは出産事情など知るよしもなく、妊娠を誰にも気づかれたくない一心だったホアさんは、平静を装ってスーパーマーケットで商品陳列やレジのアルバイトを続けることしかできなかった。産むにしろ堕ろすにしろ、お金がかかることはわかっている。今持っている在留資格で許される、週二八時間以内の就労という上限ギリギリまで、働けるうちに働いておかなければいけない。

妊娠八カ月を迎える頃、別れてから初めてXに連絡を取って、お腹に赤ちゃんがいることを報告する。Xはホアさんの体を気づかうような素振りを見せはしたが、ベトナムに帰って出産、子育てをするものと思い込んでいたようだ。自分には一切関係のないことと言わんばかりの振る舞いだった。

それから、Xとは連絡が取れなくなった。

区役所や病院が手を焼いた妊婦

八月初旬、ホアさんは個人病院の産婦人科を受診し、切迫早産の症状が見られたため、救急車で荒川区の東京女子医科大学東医療センター（二〇二一年に足立区へ移転し、東京女子医科大学附属足立医療センターに改称）に搬送される。二日ほど入院した後、葛飾区の東京かつしか赤十字母子医療センターに転院した。荒川区役所の子育て支援課から私たちに連絡が来たのは、このタイミングだった。

東京かつしか赤十字母子医療センターで初めて会ったときの彼女は、私だけでなく、看護師やケースワーカー、区の職員など誰が話しかけても、一切目を合わせようとしなかった。人間不信、いや今思えば、日本人が信じられなくなっていたのかもしれない。

区の職員から聞いた話を要約すると、次のようなことだった。

ホアさんは妊娠二二週を過ぎているので、中期中絶手術を受けることはできない。出産する選択肢しか残されていないのは、本人も理解している。しかし、こちらがいくら質問しても、父親の名前は絶対に言おうとしない。唯一わかったのは、日本人男性であること。繰り返し、「自分では育てられないので、里子に出します」とだけ主張している——。

区の職員もケースワーカーも医療スタッフも、ベトナム人の頑固な妊婦に明らかに手を焼いていた。切迫早産で緊急入院に至ったのも、出産費用を稼ぐために身重の体で無理をしたのがたたったようだ。医師や看護師にすら詳しい事情を話さないため、何かしら問題を抱えているのかもしれないと推測した病院が、荒川区の子育て支援課に通報。なんとかして、このごく限られた情報を本人から聞き取ったのだった。

私たちが声をかけられた時点で、区の職員はすでに本人の希望通り、里親を探す方向で動き出していた。今は母子ともに容体が落ち着いていて、このまま問題なければ退院できるけれども、働くことは医師に止められている。しかし、働かないと家賃が払えなくなってしまうので、日越ともいき支援会で保護してほしいという依頼だった。

住むところがなく路頭に迷っている妊婦がいたら、本来は国や自治体が保護するべきだと私は思う。厚生労働省所管である母子生活支援施設は、そのために用意されているものであるはずだ。それなのに保護の対象からこぼれ落ちてしまうのは、彼女が外国人だからだろうか。母子生活支援施設は、古くは、そして今でも通称として「母子寮」と呼ばれているが、一九九八年に現在の名称に変更されている。配偶者がいるかどうかは問わず、離婚やＤＶ、経済的理由などで生活困窮に陥った母子を保護して、自立に向けて保育サービスや就労支援などを行う施設となっている。入所できるのは、一八歳未満の子どもとその母親で、原則として母子一緒に利用しなければいけない。妊婦も一時保護の対象になってはいるが、医療機関との連携が必要だったり何かとリスクが高いことから、受け入れが積極的に行われていない現状もあるようだ。

言いたいことはいろいろあったが、コロナ禍真っ只中で港区のシェルターには多いときで八〇人ほどのベトナム人が身を寄せていた。一人や二人増えたところで、こちらとしては大きな違いはない――。そう思い、ホアさんの保護を引き受けたものの、そのときの私はこれから起ころうとしているゴタゴタまでは、さすがに予想できていなかった。

自ら禁じた「育てる」選択

八月下旬、ホアさんが借りていた部屋の退去日が差し迫っていたため、入院中の彼女に代わって引っ越し作業をすることになった。男手は、幸か不幸か十分にあった。肉体労働の現場で働いていたが、コロナ禍で仕事にあぶれた体力自慢のベトナム人男子たちが、シェルターにたくさんいたのだ。そこで五人ほど連れて荒川区にあるシェアハウスへと向かったところ、引っ越しはあっけなく終わった。

二畳あまりの居室は、ほとんどのスペースが二段ベッドで埋め尽くされていて、上のベッドが、ホアさんの唯一のプライベート空間だった。下のベッドには、どこの国から来たのかわからないが、やはり外国人が暮らしているようだ。台所やトイレなどの共用スペースも一応あるが、居室と同じようにとにかく狭い。彼女の荷物はトランク二つほど。拍子抜けするほど少ない荷物は、すでに三年以上暮らしていながら、日本の社会に根を張ることができないでいる、寄る辺なさを表しているかのようだった。

九月半ば、臨月に入ったホアさんは、退院してシェルターにやってきた。とはいえ、安静にしていなければいけないのは、入院中と変わらない。パーティションで個室空間を急遽設《しつら》えて、そこに寝かせることにした。

当時、シェルターには数名の妊婦がいて、ベトナムに帰国して出産する人と、日本で出産する人に分かれていた。日本での出産組三人のうち二人は、パートナーとともにシェルターに滞在していて、彼らは間もなく迎える赤ちゃんのために、ベビー服やおむつなどをせっせと用意していた。

対して、里子に出すことを一貫して主張するホアさんは、淡々とした口調で言った。

「赤ちゃんのことは抱っこするつもりも、見るつもりもありません」

荒川区の職員が事細かに説明してくれる里親制度のしくみや、里親候補の情報も虚ろな表情で聞き流していた。シェルターで寝食をともにしていたベトナム人やスタッフとも、自分から交流しようとはしない。ごはんのときはかろうじて起きて、食堂にしていた広間に顔を出していたけれども、それ以外の時間は個室に閉じこもっている。ほかの妊婦たちが、ああでもないこうでもないと言いながら出産準備をする笑い声を、ひとつ屋根の下で耳にしながら、じっと何かを耐えるように体を横たえていた。

シェルターにやってきて、四日目のことだった。夕食後、ほかの人たちの会話に加わることなく、席を立って早々と自室に戻っていった。いつも通りといえばいつも通りだったが、そのときの様子がどこか気になって、後をついていくと、暗い個室のベッドに座り、声を立てずに静かに泣いていた。

「どうしたの?」

私が尋ねると、やがてしゃくり上げるように泣きながら、こう言った。

「子どもを育てたい……。でも、お金がない……」

「お金のことは心配しなくて大丈夫だから。自分で育てたほうがいいよね……。手伝ってあげるから大丈夫」

私も一緒に泣いてしまった。

里子に出すという頑なな態度には、最初から違和感を覚えていた。いくら望まない妊娠とはいえ、お腹を痛めて産んだ子をさっさと手放すことなどできるのだろうか。だけど、その選択をするのであれば、母乳もあげずに預けてしまったほうが本人のためにもなるはずだ——。自分にそう言い聞かせて、彼女の意思を尊重する方向で支援していたが、決して短くはない妊娠期間に心変わりすることは、十分あり得るとも思っていた。だから、彼女の心に届くかどうかはわからなかったけれども、こんなふうに伝えてもいたのだ。

「もしも自分で子どもを育てたいって思うようになったら、そのときは遠慮せずに言いなさい。あなたのことをずっと支援できるわけではないけれど、ある程度のところまではお手伝いするから」

彼女は「育てる」という選択肢をつくることを、自ら必死に禁じていたのだ。子どものように泣きじゃくっている背中をさすりながら、私は聞いた。

「荒川区の職員さんに、『自分で育てます』ってちゃんと言える？」

「はい、言います」

意志の強さを感じさせる、しっかりとした口調で返事をした。

父親を探し出して

自分で育てると決めたら、支援のほうも舵を切らなければいけない。大きく変わるのは、父親を突き止めて、子どもを認知させる必要が生じたことだ。

病院や荒川区の職員と同様、私たちが知っていた父親の情報は、日本人男性であることだけ。産んですぐ里子に出すのであれば、我々支援者が強いて探す必要はないと考えていた。しかし、ホアさんが育てるなら、父親である日本人男性に認知させることで、子どもの立場はもちろん、彼女の立場も大きく変わってくる。何よりも、子どもは日本国籍を取得できる。その母親であるホアさんは、父親の日本人男性と婚姻関係がなくても、定住者ビザの取得が可能になるのだ。

そういった事情を説明しても、ホアさんは父親の名前をなかなか明かそうとしなかった。

私含め何人かのスタッフが慎重に、そして粘り強く聞き続けた結果、ぽつりぽつりと語り始めた相手は、通訳もしてくれているベトナム人スタッフのグエン・ヴァン・バオ君だった。

「どうやら年齢は、四〇歳らしいですよ」

「独身だって言ってますよ」

バオくんは逐一報告してくれた。

「やっと話してくれました！　この人が父親だそうです！」

そう言って見せてくれたのが、FacebookのXのアカウントをスクリーンショットした画面だった。SNSやインターネットなどの情報をもとに、Xの素性が把握でき、電話で話をすることができた。

「Xさんですか。日越ともいき支援会の吉水といいます。ホアさんというベトナム人留学生の女性を、ウチで保護しています。彼女は来月一〇月一一日に帝王切開で出産を予定しています。子どもの父親はあなただと言っているのですが」

「自分には心当たりがないんですけど、何のことですか？」

Xは突然の電話にいかにも迷惑そうだったが、かすかな動揺の気配を私は見過ごさなかった。

「蒲田の〇〇〇というホテルで、一月△日に彼女と会っていますよね？」

そこまで言うと、Xは観念して「そちらに行きます」と言った。

パパ活だと主張する〝いい歳した〟男

後日、シェルターにやってきたXと、話し合いの場が持たれた。

Xが四〇歳というのも、独身というのもすべて嘘で、間もなく六〇歳に手が届く、妻子持ちの男だった。

「ホアさんは、あなたを訴えるつもりはないそうです。ただ、生まれてくる子どもの認知だけしてほしいと言っています」

同席していない彼女の意思を伝えると、ふてぶてしい口調で返してきた。

「日本人の男を相手に、あちこちでヤリまくっているような女ですよ。僕はそのなかの一人にすぎません」

二人の間に金銭のやり取りがあったことを挙げ、これはいわゆるパパ活であり、彼女もそう認識していたはずだ、とXは主張した。一方、ホアさんは恋人として付き合っていると信じていたし、生活に困っている自分を助けてくれる善意の行為ととらえて、お金を受け取っていた。

実をいうと、二人はもっと大きな金額のやり取りもしている。日本語学校に在籍中、最終学期の学費を納めるためにXから二〇万円を借りているのだが、その後、アルバイトで稼いだお金で、すべて返済している。もし、Xが主張するようにパパ活の関係だとお互いに認識していたら、そこまで律儀な金銭の行き来があるだろうか。

仮にXが、パパ活だったと本当に思っていたとしよう。セックスありのデートで、たったの一万円か二万円。しかも避妊せず、海外で買ってきたというアフターピルまで相手に飲ませ、妊娠の報告を受けたら行方をくらます。四〇歳近くも下の、下手したら自分の子どもよりも若い世代の女性に対して、平気でこんなことを行っているのだ。

話し合いの結果、XはDNA鑑定を申し出てきた。検査機関とキットに関しては、「比較的安く検査できる」ということで、Xが覚えのあるところに手配することになった。

DNA鑑定の信じがたい結果

二〇二一年一〇月上旬、ホアさんは帝王切開で女の子を出産した。自分が母になることを家族や友人などにはほぼ知らせず、出産までやりおおせたことになる。ただし家族で唯一、母親だけには妊娠したことを伝えている。父親には子どもが一歳になる頃に伝えるつもりだと当時は言っていたが、いまだに伝えていないらしい。

秘密裏に出産をしたのは、当初は望まない妊娠だったというのも理由のひとつだろうけれども、恋人だと思っていたXに騙されたショックと、そのことを認めたくない彼女のプライドの高さにもよるものだと私は考えている。と同時に、家族や友人など大切な人たちに知らせることすらできず、ひっそりと子どもを産むのは、どんなに孤独だろうと想像する。

ＤＮＡ鑑定を行うための唾液の採取は、出産した病院にＸがやってきて、私たちの目の前で行われた。私たちは証拠として、その様子をスマートフォンのカメラで動画撮影もしている。赤ちゃんの唾液も同様に採取して、二人の検体を検査機関に送った。

四週間後、日越ともいき支援会に封書で検査結果が届いた。そこにはＸと生まれてきた赤ちゃんが親子である確率は「０％」と記されてあった。

まさかそんなはずがない。何かの間違いに違いない――。

結果を聞いて、ホアさんをサポートしてきたスタッフはみな、愕然とした。

私はありとあらゆる、間違いの可能性を考えた。唾液の採取が正しくできなかったのではないか。故意か過失かはともかく、検体がどこかの過程で差し替えられてしまったのではないか。鑑定の精度に問題があったのではないか。そもそもＸが検査機関を指定してきたのが怪しい。Ｘはその検査機関を買収していて、私たちに知らされたのは虚偽の結果なのではないか――。考えれば考えるほど疑り深くなり、心がすり減っていくような感覚があった。

可能性として一番考えたくないけれども、呪文のように心に刻みつけられていたのは、「あちこちでヤリまくっているような女」というXの言葉だった。

DNA鑑定に至る以前も、本人に再三確認してきたことではあったが、0%という結果が出てしまった以上、改めて問いたださないわけにはいかなかった。

Xが父親であると、ホアさんは言いきることができるか。

X以外に、付き合っていた男性はいないのか。

妊娠したと考えられる時期に、X以外の男性と性交渉をしていないか。

質問を投げかける人や通訳する人だけでなく、質問のニュアンスも少しずつ変えながら、何十回とホアさんに問いかけた。初めて会った頃と比べれば、だいぶ心を開いてくれてはいたが、つらい思いをしてきた彼女には、警戒心が染み付いてしまっている。手を替え品を替え、だけど私たちはあなたの味方なのだという姿勢は絶対に崩さずに、辛抱強く聞き続けた。

「私はXとしか付き合っていないし、ほかの男性とはセックスをしていません」

ホアさんの答えは、揺るがなかった。

だったらなぜ、0%になってしまうのか。DNA鑑定に詳しい人に話を聞いてみると、検体によって精度が異なり、唾液は髪の毛などと比べて成功率が低くなる可能性があること。また赤ちゃんの場合は、母乳を飲んだ直後に唾液を採取すると、母親の

DNAが混ざってしまうリスクもあることがわかった。

それを知り、私たちは再度同じ機関にDNA鑑定を依頼した。Xのデータは保存されているので、赤ちゃんの検体を新たに送るだけでいい。唾液よりも精度が高いとされる爪を検体にして、再鑑定したところ、二人が親子である確率はまたしても0％だった。


私自身も、ホアさんを支援する立場として動揺し、葛藤《かっとう》していた。聞くほうも聞かれるほうもうんざりするくらい同じことを何度も確認し、ホアさんはそのたびに「X以外に〝そんなこと〟はしていない」と泣きながら私たちに訴えてきた。里子に出すのをやめて、自分で育てる決断をするまでの苦悩、家族や友人から祝福されることなくひっそりと出産した心細さを、傍らでずっと見てきたからこそ、彼女を信じたかった。その一方で、DNA鑑定という動かぬ結果が重くのしかかってきて、油断すると「もしかしたら……」というネガティブな思考へと引きずり込まれそうになる。

ホアさんはDNA鑑定の結果に納得がいかないようだったが、今はそのことにこだわり続けても埒《らち》が明かない。再び支援方針の舵を切って、母子の生活の安定と自立を目指すことにした。

港区の母子生活支援施設が入所を拒否

初めて会ったときは荒川区、シェルターに移ってきてからは港区、その後、シェルターの引っ越しをしてからは中野区へ。私たちと知り合ってから、ホアさんは東京の三つの区を渡り歩いてきた。それぞれの区で出産や育児にまつわること、あるいは母子家庭を対象にした支援制度を申請・利用する機会があったが、自治体ごとにその対応が大きく違っていて、困惑することも少なくなかった。

荒川区から、NPOの私たちに支援を〝押し付けられた〟ことは、先に書いた。しかし、港区の対応はもっとひどいものだった。過去に東京都以外の自治体で、母子生活支援施設に入所する手続きをサポートしたことがあり、そのときの経験を踏まえてもホアさんは入所の条件を満たしていた。しかし彼女を連れて面接に行くと、次のように断られた。

「支援者がいる人は、入所することができません」

相手が何を言わんとしているのか、理解するのに時間がかかってしまった。そもそも私たちは自治体から依頼されて、ホアさんを保護しているのだ。「我々はもう支援しません」と宣言して、彼女をシェルターから追い出しでもしなければ、入所の対象にならないのだろうか。

ホアさんのほかにも、やはりシングルマザーと、覚醒剤使用で逮捕されて留置場にいる母親の二組が入所を希望していたが、同じく支援者がいるという理由でいずれも審査に落ちていた。高級ブティックやレストランが連なる南青山の一等地に立つ、充実した設備が自慢のその母子生活支援施設は、面接に行ったときはほとんどの居室が空いていた。

それから間もない二〇二二年二月、日越ともいき支援会の事務所を中野区に移し、港区の母子生活支援施設への入所を断られたホアさんは、事務所の下の階の一部屋で暮らすことになった。そして国内だけでなく、海外にもラーメン店をフランチャイズ展開する企業の一店舗で、アルバイトを始める。やがて、在留資格が特定活動から特定技能一号に移行し、正社員に昇格している。

コロナ禍の最中と比べれば、だいぶ縮小していたが、事務所の階下のシェルターにはベトナム人が入れ代わり立ち代わり滞在していた。ホアさんには赤ちゃんがいることもあり、こちらとしても優先的に支援してきたのはたしかだ。なかには、「なんであの子ばかり」とその待遇を妬《ねた》む被支援者もいた。本人のためにも区切りを設けるのは大切なことであり、私は保護から自立まで二年を目標に動いていた。

二〇二三年八月、初めて会ってからちょうど二年が経った頃、ホアさんは中野区の母子生活支援施設へと移っていった。

中野区の対応は、先の二つの区と比べると協力的ではあったけれども、いかんせん、外国人の支援に慣れていなかった。たとえば公的な支援制度の利用を希望する際、ホアさんに直接聞き取り調査を行うのだが、そういう席に通訳者がいない。

「そんな曖昧《あいまい》な聞き取りで、何がわかるんですか？　結果、彼女が困るのは目に見えているじゃないですか。通訳者がいないのだったら、ウチのスタッフを連れてきますよ」

「いや、通訳者がいないわけではないです」

「だったら最初から同席させてくださいよ！　しかも、日本の男性に騙されて妊娠して云々《うんぬん》っていう、デリケートな話をしなければいけないのに、男性職員が聞き取りをするのは、あまりにも配慮がないと思うんです。聞き取りをするのも同席するのも、できれば女性の職員に限定していただけませんか？」

うるさいと思われるのを承知で、苦言を呈したのも一度や二度ではない。

その甲斐があってか、母子生活支援施設への入所を希望したところ、中野区は荒川区と港区でのホアさんの記録を遡《さかのぼ》ってくれた。そして、「自治体が『ともいき』さんに対してこんなにも、おんぶに抱っこで申し訳なかったです」と、すぐに居住場所を用意してくれた。

DVやストーカーの被害から女性を守るために、その施設の所在地は私たち支援者にも知らされない。聞くところによると、彼女のような外国籍のシングルマザーもいるそうだ。育児をサポートしてくれるスタッフも常駐していて、保育園で熱が出て迎えに行かなければならないようなときも、今までのように仕事を早退しないで、任せることができるらしい。

「自立をサポートするのが、我々の役目ですから」

中野区の職員は力強く言ってくれた。

人生を狂わされたなら

二〇二三年一〇月、ホアさんはXに対して調停を申し立てた。だが、不成立に終わったため、その後、裁判を起こした。自分の行動に自信がなければ、ここまでできるはずがない。私はそう信じていた。

裁判所が指定する機関でDNA鑑定を再度行うことになったが、Xは出張だのなんだの再三にわたり理由をつけて、これを引き延ばす。ようやく応じたのが二〇二四年三月で、その約一カ月後、ホアさんが産んだ子どもとXが血縁関係にある確率は、「九九・九九九九%」という結果が出た。ホアさんを信じて続けてきた支援が報われたと思い、私は胸をなでおろした。

しかし、判決を不服としてXは控訴。裁判は今も続いている（二〇二四年九月頭時点）。

恋愛関係や性的関係を持った二人の間で起こったことは、口出しするだけ野暮だったりする。どちらが正しいか否か、周りの人間が公平に判断するのはほぼ不可能だ。だから法律に則《のっと》って裁く必要があるのだろうが、感情面まで裁くことは誰にもできない。

それでも日本の男性に自尊心を傷つけられ、人生を大きく狂わされたベトナム人女性がいたら、私は彼女を傷つけた男性と同じ日本人として手を差し伸べる。原動力になっているのは怒りと謝罪の気持ち、それだけだ。

第8話

「妊娠したら帰国」という呪文

来日前にサインした誓約書

技能実習生の妊娠は許されない。

残念ながら、当事者である実習生もこう思っていることは少なくない。なぜなら、日本に来る前から、場合によっては来てからも、直接言われたり、言動や態度で間接的に示されたりしているからだ。

二〇二三年三月、最高裁判所の判決で逆転無罪を勝ち取った、元実習生のベトナム人女性もその一人だった。

熊本県のミカン農家で実習をしていた女性は、交際中の男性との間に子どもを妊娠するものの、退職や帰国に追い込まれるのを危惧して、誰にも相談できなかった。そして二〇二〇年一一月、自宅でひっそりと双子を産み落とす。死産だった。女性は動かない双子をタオルにくるみ、段ボール箱に二重に入れて封をする。中には、双子に付けた名前と弔いの言葉を綴《つづ》った手紙を入れることも忘れなかった。

段ボール箱はそのまま部屋に〝安置〟され、翌日、雇用主から病院に連れていかれた女性は、医師に対して死産を伝えている。この一連の行為が、死体遺棄の罪に当たるのかを問う裁判で、一審、二審ともに、執行猶予付きの有罪判決が言い渡されていた。

ベトナム人実習生たちが、この最高裁の判決の行方を注視していた頃、ファム・ティ・ニアンさん（当時三二歳）も自身の妊娠を実習先や監理団体に言い出せずにいた。

「妊娠していることを打ち明けたら、すぐに帰国させられてしまうと思っていました」

秘密にしていた理由を、後々こう語っている。

だから彼女は、〝ギリギリまで〟黙っておくことにした。

技能実習二号の在留資格を持つニアンさんは、神奈川県で魚の加工・包装の仕事をしていた。妊娠に気がついたのは、二〇二三年一月。父親は、特定技能の在留資格を持つベトナム人だった。

実をいうと私たちは、同年三月の時点でニアンさんから相談を受けている。

「仕事したいので、妊娠したことを会社にはまだ言えないのです」

妊娠したことを実習先や監理団体に言えずにいたニアンさん。

出産経験がすでに二回ある彼女の意思は、最初から一貫していた。結局、実習先と監理団体に妊娠を伝えたのは七月に入ってからで、出産予定日の九月下旬まで三カ月を切っていた。

その報告に真っ先に難色を示したのが、彼女の実習内容自体に関しては部外者であるはずの、監理団体が雇っているベトナム人通訳者だった。通訳者はニアンさんに対して、ベトナム語で次のようなメッセージを送っている。

「技能実習生は妊娠してはいけないことを知っているでしょう。日本に来る前に、妊娠しないという誓約書にサインをしたのに……」

妊娠しないという誓約書。一体、どういうことかというと、来日前に実習生が教育・研修などを受ける送り出し機関から、サインを強要される例が少なからずあるのだ。通訳者は、ニアンさんが入所した送り出し機関が、そういった誓約書を書かせるところなのだと知っていたのだろう。そのうえで本来の職務を超えて、お節介にも彼女を責めたのだ。

これは、外国人労働者のなかでも、とりわけ弱い立場の実習生であること、さらには女性であることで起きている、不当な扱いといえる。ニアンさんが言い出せなかったのは、監理団体や受け入れ企業など日本側の関係者があずかり知らぬところで交わされた誓約書の存在ももちろん大きい。

なお、五月に実施された会社の健康診断の際も、ニアンさんは妊娠を隠していたそうで、のちに行われた団体交渉の席で、監理団体はそれについてニアンさんを非難していた。

しかし、私はこう言いたい。彼らもまた、ニアンさんを追い詰めている一員であることを認識しているのだろうか。誓約書の存在についても、「自分たちには一切関わりのないことで、ベトナムの送り出し機関が勝手にやっていること」というような、知らぬ存ぜぬの態度を改めるべきだろう。

育児休業を取るための条件

実習先と監理団体に妊娠を報告して、ニアンさんは即、七月二日に連合ユニオン東京・ともいきユニオンに加入した。そして五日には、実習の継続、産前産後休業・育児休業の取得、育児休業後の復職などを求めて、団体交渉の申し入れを行っている。報告のタイミングをギリギリまで先送りしたため、産前休業の希望日まで一カ月少々しか残されていなかった。

この件に関しては、支援する私たちとしても初めてのケースとなる不安要素がひとつあった。ニアンさんが持っている技能実習二号の在留期限が、約半年後の二〇二四年一月初旬で切れてしまうのだ。

妊娠案件に限らず、なんらかの事情で実習の継続が困難になったとき、在留期限が半年〝しか〟残っていないのであれば、さっさと帰国させて新しい労働力と交換する。それが実習生をコマとしか見ていないような、悪質な監理団体の常套手段だった。団体交渉を申し入れたのは、ニアンさんも同じ目に遭わないための予防策でもあった。

雇う側からすれば、「たったの半年」と思うかもしれない。しかし、残された期限がもっと短いとしても、実習生にとって実習期間を満了するか否かは、その後を左右する大きな分かれ道になるのだ。

第2話でも説明したが、技能実習には一号・二号・三号という三種類の在留資格があり、試験などを経て段階的にステップアップするしくみになっている。さらに要件を満たすと、特定技能という在留資格への移行も認められるが、どの段階でも定められた期間を良好に終えることは、次のステップへ進むための必要条件とされている。だからこそ、残りの期間がわずかだとしても、「手続きが煩雑だから」「過去に例がないから」という理由であっさり辞めさせるのは、外国人が今後、技能実習あるいは特定技能として働く道を断つことにもつながってしまう。

話を戻そう。ニアンさんの在留期限が約半年で切れることが、なぜ不安要素だったか。予定通りに出産すれば、在留期限の切れる二〇二四年一月初旬は育児休業を取っている時期になる。しかし休業状態、つまり技能実習を行っていない状態で、在留資格の更新がはたして可能なのか、私たちも確信が持てなかったのだ。

もっというと、仮に更新できたとしても、新たな在留資格での雇用契約がなされていない状態で、育児休業を取れるのかも不安だった。というのも育児休業の取得条件には、「同じ事業主に過去一年以上雇用されている」ことと、「子どもが一歳を迎えた後も引き続き雇用されることが見込まれている」ことなどがある。しかし、技能実習生は基本的に一年ごとに在留資格を更新するため、「子どもが一歳を迎えた後」、どこで働いているのか明言できない立場なのだ。

パートナーも日本にいるので、ニアンさんは当初、日本で出産・育児をする可能性を探っていたが、費用面なども考慮して、ベトナムで里帰り出産をする方向に切り替えていた。帰国まで一カ月少々。団体交渉から在留資格の更新も含め、これらをすべて解決できるのか――。

受け入れ企業や監理団体の協力が、不可欠だった。

日本人でも難解な出産・育児手当の申請

まずは、育児休業の所管省庁である厚生労働省に問い合わせた。

整理すると、産前休業は予定日を含む六週間以内とされているので、逆算して八月半ばから九月下旬になる。産後休業は八週間以内なので、九月下旬から一一月半ばの予定だ。育児休業に関しては、同じく日本で働いている、ニアンさんのパートナーが取得することは現実的に考えにくいため、子どもが満一歳となる前日の二〇二四年九月下旬までニアンさんが取ることを希望している。申請は育休開始予定日の一カ月前までにしなければならないが、ニアンさんはその時期、日本にいない予定だ——。

厚労省の回答は、育児休業を取得するためには、現在の受け入れ先がニアンさんを再雇用する契約を交わしておく必要があるとのことだった。

同様に、産前産後休業のことは年金事務所に、出産育児一時金については健康保険組合に、手続き方法や必要な書類などを逐一確認していく。出産経験者は身に覚えがあるかもしれないが、出産・育児にまつわるこれらの制度は、窓口がすべて異なっていて、問い合わせひとつするだけでも申請側は忍耐強さを要する。日本人でもわかりづらいのだから、外国人がサポートなしでできるとは到底思えない。ニアンさんの少々特殊な事情を、こうした縦割り行政がさらにややこしくしているといっても過言ではなかった。

とある機関の窓口では、こんな滑稽なやり取りもあった。

「今後のためにも確認しておきたいのですが、技能実習や特定技能一号の在留資格は、長くても一年で更新が必要で、勤務先が変わる可能性があります。出産一年後も継続して同じところで働いていることを現時点では証明できないので、育児休業を取得するのは難しいのでしょうか？」

「在留資格は、五年更新ではなかったのですか？　でしたら、現在受け入れている企業さんが良しとしてくれれば、問題ないのではないでしょうか」

内心、この職員の言うことを聞いてよいものか不安がよぎったが、組織同士で横の連携が取れていないため、制度を扱っている職員も全体像はもとより、基本的なことすら把握できていないのだ。これでは、監理団体などが面倒くさがって手続きをしたがらないのも、無理はないなと思ってしまう出来事だった。

このほかにも、外国人技能実習機構（ＯＴＩＴ）からは技能実習計画変更の認可をもらわなければいけなかった。技能実習計画は、どこで、どのような実習を行うのか、実習生ごとに事細かに作成される計画書で、機構がその認定業務を行っている。ニアンさんは妊娠・出産によって計画内容に変更が生じるため、あらかじめそれを認めてもらう必要があるのだ。

最後の砦となる入管へ申請する前に、忘れてはいけないのが、ベトナムへ帰国する飛行機のチケットを予約することだった。

「まだ在留資格が更新されるかどうかもわからないのに、こんな直近のチケットを取ってしまうんですか!?」

私が日付を指定して依頼すると、監理団体のスタッフは不安そうに言った。一般的に妊婦が飛行機に乗っても問題ないとされる時期（ベトナム航空の場合は妊娠三六週以内）が迫っていたのも大きいが、「出国準備は万端なので、一刻も早く更新手続きをしてもらいたい」という入管に対する裏技的なアピールでもあった。

「そもそも在留資格の更新は、一～二カ月待つのが当たり前じゃないですか。本当に大丈夫なんでしょうか……？」

「大丈夫です！　チケットを予約したら、すぐに入管に行ってください」

私は、監理団体のスタッフとニアンさんを力強く送り出した。

日本で働き、税金を納めているのに

「在留資格を更新してもらえました！」

予想通り、監理団体からの連絡は早かった。しかし、更新された在留期限に関しては私も予想外だった。

「一年五カ月も出たんですよ！」

通常、長くても一年ごとの更新であることを考えると、育休が明けて復職すること も考慮してくれた、特例といってよい長さだった。

入管はブラックボックスだとよくいわれる。難民認定率は世界でも類を見ないほど低いし、日本政府はこれほど外国人の労働力に頼りながら、表向きは「移民政策は取らない」という姿勢を崩そうとしない。入管が在留資格を出したり出さなかったり、あるいは出したとしてもその期間が短かったり長かったりするのは、入管にとっての正当な理由があるはずだ。しかし、その正当な理由と判断基準が、こちら側には見えにくいのも事実である。

だから、「大丈夫」と強気で言ってはいたものの、吉と出るか凶と出るかは最後まで気を抜けなかった。

八月上旬、ニアンさんは新しい在留カードを手に、目立ってきたお腹を抱えてベトナムへと帰国した。

妊娠した技能実習生や特定技能外国人の〝救済措置〟として、「特定活動」という在留資格も実は存在する。それぞれの在留資格には、滞在目的や条件が細かく設定されていて、原則として例外は認められないのだが、特定活動は既存の存留資格に当てはまらない活動を行うために設けられていて、法務大臣が個々に活動を指定するもの、とされている。新型コロナウイルスの感染拡大の影響で急に解雇されたり、帰国が困難になったりした技能実習生や特定技能外国人に対して、特定活動が許可されたのはその好例だ。

技能実習生や特定技能外国人が、ニアンさんのように妊娠・出産のために産休を取る際も、特定活動への変更が一応認められていて、その間、日本ではもちろん、自国に帰って出産することも可能とされている。しかしながら、その期限は最長六カ月しかない。自国で出産するとしたら、早めに帰国して子どもを産み、体調を回復させて、生まれたての子どもを残してまた日本に戻ってくるだけで精いっぱいだろう。育休のことまで考慮されているとはいいがたい。

日本の社会で働き、税金を納めているのに、彼女たちは当然の権利であるはずの、育休という制度を利用することが至難の業なのだ。

特定活動について、もうひとつ大事な事実を付け加えておこう。両親が、家族帯同を認められていない技能実習生・特定技能外国人の場合、日本で生まれた子どもの在留資格はどうなるのか。本来は認めていないが、入管に申請することで親の在留資格・期間により特定活動を取得できるケースもある。

技能実習生として、近くに身寄りがいない環境で子どもを育てていくことは、現在の日本の公的な子育て支援制度や民間のサービス、ボランティアなどに鑑《かんが》みても、残念ながら勧めることはできない。だからといって、子どもと母親を引き離すことが実質的に定められている国であってよいのだろうか。

ニアンさんは幼い子どもを残して、どんな思いで日本に戻ってくるのだろう。

送り出し機関の〝性教育〟

リプロダクティブ・ライツ（Reproductive Rights）という言葉をご存じだろうか。自分の身体に関することを、その持ち主である自分自身が決められる権利を意味する。具体的には、出産するかしないか、いつ・何人の子どもがほしいかなど、生殖に関することを自己決定し、そのために十分な情報やサービスを得られることを指している。

実際のところ、リプロダクティブ・ライツを保障されている技能実習生がどれほどいるのだろう。

現役の技能実習生と特定技能外国人、元技能実習生のベトナム人女性を対象に、共同通信の依頼で日越ともいき支援会が行ったアンケート[*1]では、次のような結果が出ている（**図8―1**）。

来日前に送り出し機関から「妊娠したら帰国しなければいけない」など、妊娠しないよう指導を受けたことが「ある」と回答したのは、九一人中五六人。つまり六割以上が、リプロダクティブ・ライツを侵害されている状態といえる。

なお、アンケートを実施したのは、二〇二三年八月〜九月。これまでの当会による支援の有無を問わず、ランダムで三〇〇人ほどにアンケートを依頼して得た回答である。

まず、この六割という数字を多いと見るか少ないと見るかだが、私としては「やっぱりな」というのが率直な印象だ。私たちに寄せられる、妊娠・出産に関する相談がこれほど多いのは、「ルールを破ってしまった」という引け目が少なからずあるからだ。彼女たちは妊娠は悪いことだと、さまざまな場面で信じ込まされている。

送り出し機関は呼び名の通り、ベトナムから日本へ技能実習生を送り出すための機関だ。技能実習を希望する候補者は、実習に必要となる基本的な知識だけでなく、日

図8-1　ベトナム人女性に行ったアンケート

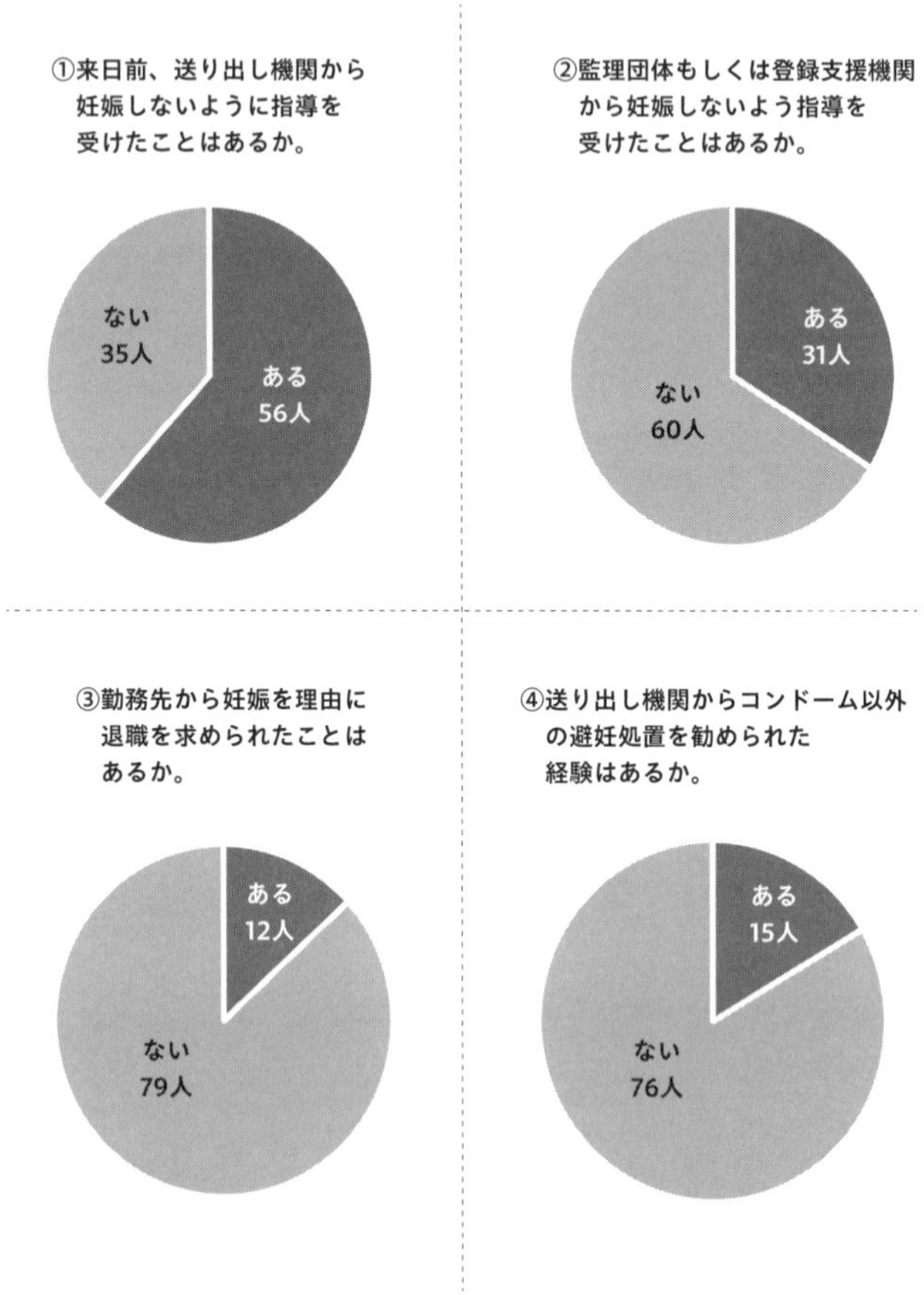
①来日前、送り出し機関から妊娠しないように指導を受けたことはあるか。
ない 35人
ある 56人
②監理団体もしくは登録支援機関から妊娠しないよう指導を受けたことはあるか。
ある 31人
ない 60人
③勤務先から妊娠を理由に退職を求められたことはあるか。
ある 12人
ない 79人
④送り出し機関からコンドーム以外の避妊処置を勧められた経験はあるか。
ある 15人
ない 76人

※現役技能実習生45人、元技能実習生14人、特定技能32人が回答。

出典：NPO法人日越ともいき支援会

本語や日本の生活全般に関するルール・マナー、実習生としての心得などを、約半年程度の研修を通して学んでいく。

そのなかで〝性教育〟として、妊娠を制限する指導を受けることが多いようなのだ。はたしてそれは、たとえば日本の学校で行われる性教育（適切に行われているかどうかは、さておき）のように、自分の身体の決定権を持てるようになるのを目的として、避妊の方法や性的同意について教えているのか。それとも、「妊娠は許されない」「妊娠したら実習の継続は不可」という前提のもと、避妊の方法などを教えているのか——。

さらに九一人中一五人、つまり二割弱が、送り出し機関から避妊リングの装着や避妊の注射など、コンドームの装着以外の避妊処置を勧められた経験が「ある」と回答している。ベトナムまたは日本で実際に何らかの避妊処置をした人は二七人いて、その理由として「妊娠すれば、仕事を辞めさせられ、帰国させられると思った」「勧められた通りにしなければ、日本に行けないと思った」「まだ結婚もしたくないし、子どもも産みたくない」などと回答している。

以下は、日越ともいき支援会が付き合いのある、ハノイの送り出し機関の代表を務めるベトナム人のDさんに、聞き取りをした内容だ。

――あなたのところでも、実習期間中は妊娠しないように指導をするのですか？

「はい。実習生は働くために日本に行くので、妊娠したら〝お客様〟に迷惑がかかってしまいます」

――そういうことを、研修のときにみなさんにお話しするのですか？

「そうですね。妊娠したら、『代わりに誰が仕事をするのか？』ってことになってしまいますので」

――「実習生に妊娠されると困る」というようなことを、監理団体から言われたことはありますか？

「正直にいうと、あります」

――送り出し機関によっては、避妊リングの装着や注射などの処置を勧めたりもするようなのですが、Dさんのところでは？

「弊社では勧めていません」

――妊娠しないよう指導すると、女性たちからはどういった反応がありますか？

「日本に行くのはお金のため、家族のためなので、途中で仕事を辞めて帰国することのないよう、ルールを守るのは当然だと思っているのではないでしょうか」

――そこまでの指導は、やりすぎだとは思いませんか？

「数年前はもっと厳しかったんじゃないですかね。今後、日本の技能実習制度が変わったら、妊娠しても大丈夫になったりするのではないでしょうか」

――そうなったら、Dさんのところでも今のような指導はしなくなる？

「どうですかね……。お客様との関係が大事なので、まだわかりませんが、たぶん、指導しなくなると思います」

――ちなみに、Dさんのところから送り出した実習生が、妊娠したケースはこれまでありますか？

「弊社はありません。妊娠するのは、みんなきちんと日本で仕事をして、帰国をしてからですね」

Dさんのところがそうであるように、送り出し機関は基本的に民間の営利企業だ。Dさんが「お客様」と呼ぶのは、日本側で実習生を監督する監理団体のこと。人材派遣サービスをしているDさんにとって、お客様の望む〝商品〟を提供して契約を履行するのは、ビジネスとしてごく当たり前のことといえる。だからこそ悪気なく、むしろ責務として、妊娠しないよう指導しているかのように受け答えができるわけだし、私の知る限り、これが送り出し機関のごく一般的なスタンスだったりする。
強調したいのは、彼らをそうさせているのは日本のシステムである、という点だ。監理団体や受け入れ企業、あるいは外国人技能実習機構（ＯＴＩＴ）や入管など、もっと上の組織も含めて、こうした現状をいつまで見て見ぬふりを続けるのだろう。

「子どもを遺棄するのは悪い人」

二〇一九年一二月に来日して、現在は岐阜県の縫製工場で働く技能実習生のファム・ティ・フエ（四二歳）さんも、送り出し機関から妊娠を制限する指導を受けている。なおフエさんは、実習生になる以前から子どもが二人いて、単身日本で働いている。以下、フエさんの証言を紹介しよう。

——送り出し機関では、妊娠に関してどのような指導を受けたのですか？

「異性とあまり交流しないほうがいいと言われました。妊娠したら帰国させられるので、避妊したほうがいいとも言われました」

――どういうシチュエーションで言われたのでしょう？

「授業のオリエンテーションみたいな感じで、先生から言われました。その授業は女性だけでなく、男性も同席していました」

――それを聞いて、どう思いましたか？

「普通のことというか、特に何も思わなかったです。私は家族がいますし、それなりに年齢も重ねていますので」

――日本には働きにいくのであって、恋愛をしにいくわけではないから、納得できた？

「その通りです。お金を稼ぐために日本に行きたかったので」

――「避妊したほうがいい」とも言われたそうですが、避妊リングや注射など処置方法について、具体的な話はありましたか？

「ただ処置をしたほうがいいと言われただけで、詳しい説明はありませんでした」

――今の職場に実習生は何人くらいいるのでしょう。

「ベトナム人が一〇人で、全員女性です」

――日本に来た後、監理団体や受け入れ企業から妊娠に関して何か言われたことは？

「ありません」

――今まで同じ職場で、妊娠した実習生はいますか？

「ここに来る前、愛媛県で実習をしていたのですが、妊娠した人が一人いました」

（註：以前の実習先は、労働基準法違反によって実習生の受け入れ停止となったため、フエさんは転籍をしている）

――妊娠がわかってから、その人はどうなったのでしょう。

「社長が飛行機のチケットを用意して、帰国させました」

――会社には戻ってこなかったのですか？

「技能実習生を辞めて、ベトナムで出産して日本に戻ってきました。もう実習生ではないので、会社には戻ってきませんでしたが、日本人と結婚して、今は日本にいるそうです」

――その人は妊娠がわかってから、フエさんやほかの実習生に相談しなかったのでしょうか？

「自分に相談はなかったですね。送り出し機関の通訳さんに妊娠したことを最初に伝えたら、会社に連絡が行って、社長に病院へ連れていかれたそうです。それで妊娠がはっきりわかって、数日後には帰国させられてしまいました」

――外国人技能実習機構（ＯＴＩＴ）や日越ともいき支援会のようなところに相談す

る間もなく、帰国のレールに乗せられた？

「日本の法律とか、機構のこと、支援団体のことは、まったくわからなかったと思います。もしわかっていたら、絶対に相談していたと思うので。妊娠したら帰国しなければいけない、という考えしかなかったのではないでしょうか。愛媛県の会社のときも、ベトナム人の実習生が一一人くらいいたのですが、実習生の妊娠に関する日本の法律や制度を理解している人は一人もいませんでした。送り出し機関や通訳さんにも、妊娠したら帰国させられると言われていたので、みんなそれを信じていました。通訳さんは自分たちと違って日本語を理解できるので、自分たちより法律に関しても詳しいはずだって」

――今ならば、妊娠しても辞めなくて済むかもしれない、という共通認識を持っているのでしょうか。

「そうですね。二〇代、三〇代の人がもし妊娠したら、今みたいに相談できるところを知っているのは、安心できることだと思います」

――実習生が周りに言えないまま出産して、自分の手で赤ちゃんを殺したり、遺棄したりする事件が何度も起きていますが、個人的にはどう受け止めていますか？

「そういう事件が起こっているのはよく知っていますが、子どもを遺棄するようなことをするのは、悪い人だと思います。いくら制度や会社に問題があったとしても、自分の子どもを捨てることは理解できません。今はインターネットでいろんな情報を知ることができますし、りえさん（著者のこと）のように支援してくれる団体も探せるのだから」

「妊娠しても帰国しなくていいなんて、当時は誰もわからなかった」とフエさんは言う。その「当時」は、たかだか数年前。彼女が来日した時期を考えれば、少なくともコロナ前はそれが当たり前だったのだ。そして今もなお、解決の方法がわからず、一人で悩み苦しんだ末の悲惨な事件は起きている。

妊娠したら帰国させられる。

送り出し機関や通訳者、監理団体、受け入れ企業、インターネットに出回る情報などから、呪文のようにこの言葉を刷り込まれてきた彼女たち。本当に妊娠してしまったとき、ルールを破った落伍者のレッテルを貼られるのを恐れ、誰にも相談できないまま、ひっそりと日本を後にするしかなかった彼女たち。借金を背負ったまま志半ばで母国へ戻って、家族に失望されたりはしなかっただろうか。肩身の狭い思いをしていないだろうか。

顔も知らない無数の彼女たちが、心穏やかに過ごせていることを願ってやまない。

最終話

新制度で悲劇を
繰り返さないために

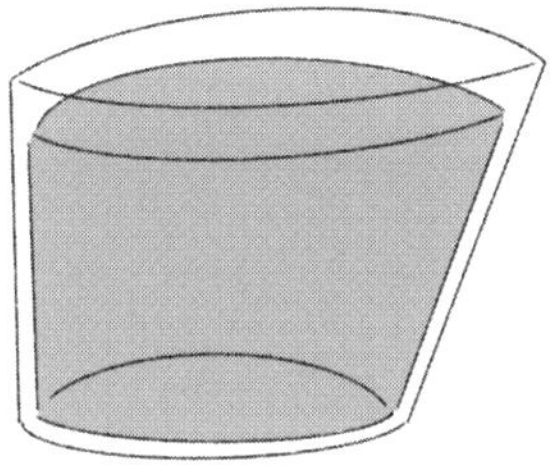

育成就労制度は看板の掛け替え

国際貢献を名目としながら、人権侵害の温床になっているとして、〝強制労働〟〝奴隷制〟などと国内外から厳しく批判されてきた技能実習制度。一九九三年に導入されて、マイナーチェンジをしながら三〇年以上続いたこの制度が、廃止される。

政府が技能実習制度と、二〇一九年に新設された特定技能制度の見直しに〝ようやく〟着手したのは、二〇二二年一一月のことだ。「技能実習制度及び特定技能制度の在り方に関する有識者会議」（以下、有識者会議）を設置して、以後一六回にわたって議論を重ねてきた。日越ともいき支援会も関係者ヒアリングの場に出席して、情報を提供している。そして二〇二三年一一月三〇日、有識者会議の最終報告書が法務大臣に提出され、現行の技能実習制度を「発展的に解消」し、人材確保と人材育成を目的とする新たな「育成就労制度」の創設が提言された。

新制度によって変わること、変わらないこと、新たに起こり得る問題などを、ここでは私なりに考えていきたいと思う。

まず率直にいうと、新制度への移行は、基本的に看板の掛け替えくらいにしかとらえていない。辛辣《しんらつ》な意見かもしれないが、有識者会議での議論の内容を知れば知るほど、残念ながらそう思わざるを得ないというのが、正直な気持ちだ。

これまでどんなに実態と乖離《かいり》していようと、移民政策に前向きな姿勢を見せてこなかった政府が、新制度の目的は「人材確保」であると明言したのは特筆すべき変化といえるだろう。一方で「人材育成」という目的も変わらずに残っていることから、監理団体（新制度では、「監理支援機関」という名称に変更予定）が外国人労働者を監理・監督していく基本的な流れは変わらないことが予測できる。

新制度の大きな変更点として注目されているのが、転籍制限の緩和だ。転籍とは、監理団体によって配属された職場からほかの職場へと移ることだが、技能実習制度では実習を始めてから三年間は原則として認められていなかった。仕事内容が精神的・肉体的にきついだけでなく、残業代の未払いやハラスメントが横行するような受け入れ企業、監理団体が残念ながら存在するなかで、労働者に職場を選ぶ権利は基本的に与えられていないことが、人権侵害と批判される要因のひとつとなってきた。しかし私にいわせれば、「転籍制限」という言葉のイメージがメディアなどの取り上げ方によってひとり歩きして、問題の本質をとらえきれていない印象を受けてしまうのだ。

実際は現行の制度でも、真っ当な監理団体や当会のような支援団体にたどり着くことができた実習生は、三年以内でも転籍が可能になっている。さらに、最近ではやむを得ないとされる理由以外のケースでも、外国人技能実習機構（ＯＴＩＴ）から転籍を認められることも少なくない。では、私が考える問題の本質とは何なのか。それは、技能実習生の年間失踪者数にこそ現れている。二〇二二年は九〇〇六人だったのが、二〇二三年は九七五三人で過去最多となっている。これほど多くの外国人労働者が、実習を続けるうえで何かしら困難な状況に陥りながら、適切な相談・支援にたどり着くことができず、失踪という手段を選んでいるのだ。国が用意している相談窓口がほとんど機能していないこと、支援する実働隊の数が圧倒的に足りていないことが、最大の問題だと思っている。

だから新制度ではその部分を手厚くして、本当に求めている人に届く支援体制にしなければ、根本的な問題の解決にはならないと、一支援団体として訴えてきたつもりだ。そして有識者会議の最終報告書を踏まえ、政府は次の方針を示した。

同一企業での就労期間が一年を超えたら転籍を認めることを原則としつつ、当分の間は一～二年の範囲で対象分野ごとに設定する。

転籍を大幅に緩和する前提で、その判断は各業界に丸投げ。転籍のための肝心の支援に関しては、外国人育成就労機構（OTITを改組した組織）が斡旋機能を担い、監理支援機関やハローワーク等と連携して行うしくみになる（図9―1）。技能実習制度で転籍支援が行き届かず、わずか一年間で一万人に手が届きそうなほどの失踪者を出してきた監理団体、OTITから名前を変えた組織が、今まで以上に多くなるであろう転籍手続きを具体的な策もないまま、一体どうさばいていくというのだろう。

そもそも技能実習生一名を転籍させるのがいかに大変か、有識者の方々は認識しているのだろうか。

最近もパワハラを受けた男性の実習生が、監理団体やOTITに相談したのに何もしてくれなかったため、私たちに転籍の支援を求めてきた。転籍するためには、送り出し機関との契約変更とともに、その必要性を具体的かつ詳細に記載した理由書を証拠書類とともに入管に提出し、在留資格を変更してもらわなければならない。その手続きには、かなりの時間と労力を費やすことになる。だからこそ監理団体やOTITは、この男性のケースのように「何もしない」ことが多いのだ。そんな状態の組織が新制度に移行した途端、積極的に動き出すようになるとはとてもじゃないけれど想像できない。

図9-1　育成就労制度における転籍希望の申出と関係機関の連携

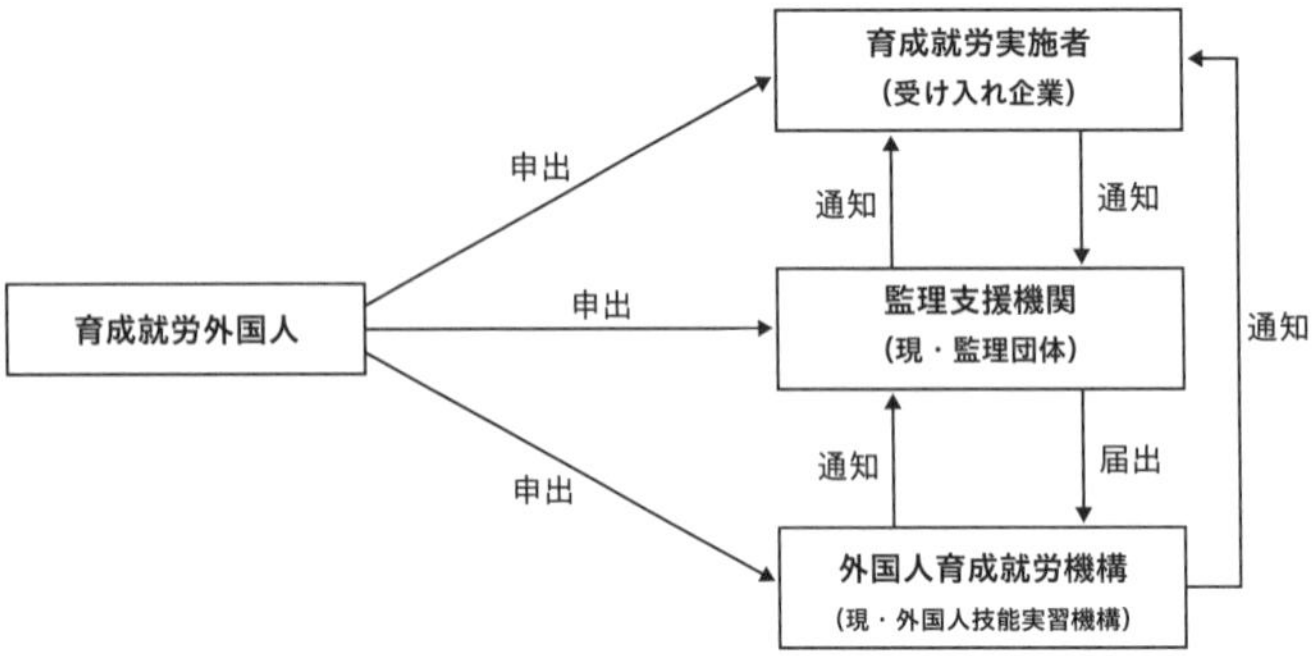

育成就労外国人が転籍希望を申し出た場合、上図のような関係機関の連携が新制度では想定されているが、転籍の過程でトラブルに巻き込まれた外国人に対する具体的な支援については不明瞭である。これでは現行制度と何も変わらないのではないか。

転籍を希望してから、それが認められて次の受け入れ先で働けるようになるまで、早くて三カ月、遅いと半年以上を要することもボトルネックになっている。技能実習制度と同様の手順を踏むとしたら、その間、宙ぶらりんの立場となった外国人の身元を、監理支援機関が責任を持って保護する義務がある。しかし、ほかの職場に移る予定で、もはや自分たちにとって何のメリットもない外国人の世話を、彼らが積極的に行うとは考えがたい。新制度で転籍の緩和のみ行って見栄えを良くして、問題の本質には目を向けず「あとはよろしく」とばかりに監理支援機関任せにするのだとしたら、国のやり方はあまりにもお粗末だ。

現状では、住むところのなくなった実習

生のためのシェルターも一応あって、都市部だと一泊一五〇〇～二五〇〇円程度（地方だと無料のところも）で、次の受け入れ先が決まるまで滞在できることになっている。その間の滞在費は監理団体が立て替え、再び収入を得られるようになったら返済してもらうパターンが多いのだが、こうしたシェルターがどこまで有効利用できているのかは、はなはだ疑問だ。

新制度で転籍をどんどんしても構わないと国が〝本気で〟考えているのであれば、転籍に要する手間と時間を大幅に短縮する必要があるだろう。外国人労働者が滞在できる無料のシェルター兼研修施設を用意して、転籍に必要な資格試験や日本語の勉強会なども受けられるようにするべきだ。そこまでのフォローアップをして初めて、名実ともに「転籍の緩和」が実現するのではないだろうか。

転籍の緩和で起こる悪夢

外国人労働者を不法就労に誘い込むような、悪質なブローカーに対する処分も新制度では厳格化される見込みだ。政府は当面、転職支援を行うのは外国人育成就労機構や監理支援機関、ハローワークなどに限定し、民間の職業紹介事業者の関与を認めないようだ。一見、問題がないように思えるこうした対策にも、見当違いといわざるを得ない部分がある。本当に取り締まるべき対象は、日本社会の水面下にうようよいる、彼らと同胞のブローカーだからである。

たとえば、Facebookに堂々と開設されている「Bộ Đội《ボドイ》」というコミュニティ。ベトナム語で「兵士」や「部隊」を意味するのだが、これに地名を組み合わせたグループが多数存在し、失踪者たちに向けた求人や住まいの情報、さらには在留カードの偽造を請け負う投稿なども平然と流れてくる。「Tokyo baito」や「việc làm lướng tay không báo thuế（japan）（手渡し確定申告なし求人［日本］／通称・手渡しバイト）」といったFacebookのグループも存在し、Bộ Độiと同様に悪質ブローカーが跋扈《ばっこ》している。

来日して一年や二年で、右も左もわからない外国人労働者は、こうしたブローカーにとって絶好のカモだ。「より良い仕事」を求めていただけなのに、気づいたら転籍どころか不法就労に手を染めていたなどという笑い話にもならない状況に陥りかねない。もちろん、仕事を斡旋したブローカーやコミュニティが、彼らを助けてくれるはずなどない。ここでも政府は転籍を緩和するだけしておいて、自己責任として突き放すつもりだろうか。〝何か起こったとき〟彼らに手を差し伸べる役割を、私たちのような支援団体、ボランティアにこの先も任せっぱなしにするつもりなのだろうか。ブローカーを突き止めるのは私たちでさえ非常に難しく、現時点ではTikTokのような若者がよく使うツールを通して注意喚起するくらいしかできない。

政府は、さほど害にならない民間の職業紹介事業者を取り締まる一方で、彼らを誘惑する同胞の悪質ブローカーは野放しにする。いつまでこうしたことを続けるつもりなのか。

失踪者が得られる仕事は、在留カードが不要ないわゆる不法就労しか残されていない。報酬だけを見れば、受け入れ企業でコツコツ働くよりも、社会保険料や所得税などの控除がないため、待遇はいいかもしれない。しかし、病気やケガのリスクが高い仕事をしたり、犯罪スレスレの仕事に就いたり、もしくは犯罪に手を染めたりもしかねない。女性の場合は特に、騙されて、あるいは自らの意思で、風俗業界で働くケースもある。日越ともいき支援会では、大ケガや病気をしても保険がきかないため、多額の医療費を背負うことになった失踪者を何人も保護してきた。妊娠・出産や、中絶を選択する場合も同様で、失踪者である限り、さまざまな困難を強いられることになる。ひどい扱いを受けて、自尊心を傷つけられることだってあるだろう。

技能実習生として日本へやってきたベトナム人女性が主人公の映画『海辺の彼女た

ち』(二〇二〇年製作)は、妊娠した失踪者が置かれる過酷な境遇をドキュメンタリータッチで生々しく描いている。映画は技能実習生である三人の若いベトナム人女性が、より多く稼げる仕事を求めて海辺の町へ失踪するところから始まる。やがてそのうちの一人が妊娠していることに気づくものの、不法就労がバレると裁判などを経て本国に送還されてしまうので、病院に行って医者に診てもらうことすらできない。迷惑をかけることを危惧して仲間にもなかなか打ち明けられず、心細い思いをする彼女の苦渋の決断をカメラは淡々と追っていく。日越ともいき支援会もこの映画の製作に協力しているのだが、監督の藤元明緒《あきお》さんは同様の経験をした元実習生などに取材を重ねて脚本を手がけているだけあって、その描写は切迫感に満ちている。そして、失踪という形は取らなかったけれども、自分の手で生まれたばかりの赤ちゃんを葬ることになってしまった女性たちの追い詰められた立場も、映画を観ながら自然と重ね合わせてしまう。

制度の一環として支援体制を整えなければ、転籍の緩和はやみくもに失踪者を増やしてしまうことになりかねない。現状、そして新制度で検討されているサポート体制を見る限り、転籍緩和で起こり得ることを、制度を運営する側は想定できていないように思えてしまうのだ。

日本語能力の乏しい彼らを十分な支援がないまま、転籍によって自由に〝泳がせる〟ことにも不安を感じる。

来日時点での実習生の日本語レベルには、もちろん個人差があるものの、日本語能力試験のN4レベルが多いと建前的にはいわれている。N4は、五段階あるうちの下から二番目で、公式サイト「日本語能力試験 JLPT」によると、「基本的な日本語を理解することができる」レベル。認定の目安として、「読む」に関しては「基本的な語彙や漢字を使って書かれた日常生活の中でも身近な話題の文章を、読んで理解ができる」、「聞く」ほうは「日常的な場面で、ややゆっくりと話される会話であれば、内容がほぼ理解できる」とある。しかしながら、実際に仕事や生活の場で日本語を使いこなせているかというと、N4合格者であってもこの目安に達していない人がほとんどだ。

職場でルーティンのように交わすやり取り以外になると、なおさら日本語での意思疎通が難しい人たちが、来日してわずか一年で転籍できるようになったらどうなるのか。

人気のない過疎地域や職種、労働条件の良くない企業は、さらなる人材不足に陥ることが予測でき、今まで以上の努力が求められるだろう。転籍希望者や失踪者を出さない最善の策は、企業が十分な受け入れ環境を整えることだ。韓国や台湾など近隣諸国との間で人材獲得競争が激化する一方で、円安が長引く日本はかつてのように魅力ある出稼ぎ先ではなくなりつつある。日本の中小企業を守るという意味でも、受け入れ企業に対する国の細やかな支援も今後はますます重要になってくる。

仕事と子育ての両方は選べない

「育成就労」と冠した制度だけに、特定技能へつなげるしくみがより強固になるのも、技能実習制度からの大きな変更点だ。背景には、日本の社会全体がもはや外国人の労働力なしには回らないため、人材をしっかり確保したいという思惑が透けて見える。もちろん、技能実習制度が実質的には労働力の補填として機能しているにもかかわらず、「実習」が目的という建前を崩さず、批判を招いてきたことへの対応でもある。

技能実習の在留期間は、一号が一年、二号が二年、三号が二年で、最長で五年間、日本に滞在できる。最短で特定技能一号に移行するには、技能実習二号の良好な修了が条件のひとつとなっている（第2話参照）。対して、育成就労の在留期間は原則三年間で、その後、特定技能一号への移行が可能になる。

新制度の対象職種は、特定技能の産業分野と原則一致させる。技能実習生を受け入れているのは、九〇職種一六六作業なのに対して、特定技能一号の対応職種は一二分野（いずれも二〇二四年八月一日時点）で、双方の仕事内容に関連性があることが移行の条件とされてきた。たとえば、縫製工場で働いていた技能実習生が、特定技能に移行して飲食業界で働くことはできないことに〝一応は〟なっている。原則三年間の就労を通じ、特定技能一号水準の人材を育成することが制度の目的になっているからだ。ただし、これも技能試験や日本語試験に合格すれば、異なる分野で働くことができてしまうので、形だけのルールに成り下がっている印象は拭えなかった。

育成就労制度と特定技能制度の対象職種を揃えるのは、期間限定ではなく、長期にわたり産業を支える人材を確保するためだ。技能実習では対象となっている先述の縫製やスーパーマーケットの惣菜製造など、特定技能では対象外とされていた職種・業務のほとんどが特定技能の対象となるため、職種を変えることなく特定技能に移行して、経験を生かせるようになる。

特定技能一号の在留期間は通算五年以内で、その後は育成就労制度の最終地点といえる特定技能二号に移行できる。特定技能二号は、いわば特別待遇の在留資格で、在

図9-2　育成就労・特定技能の資格移行と在留期間

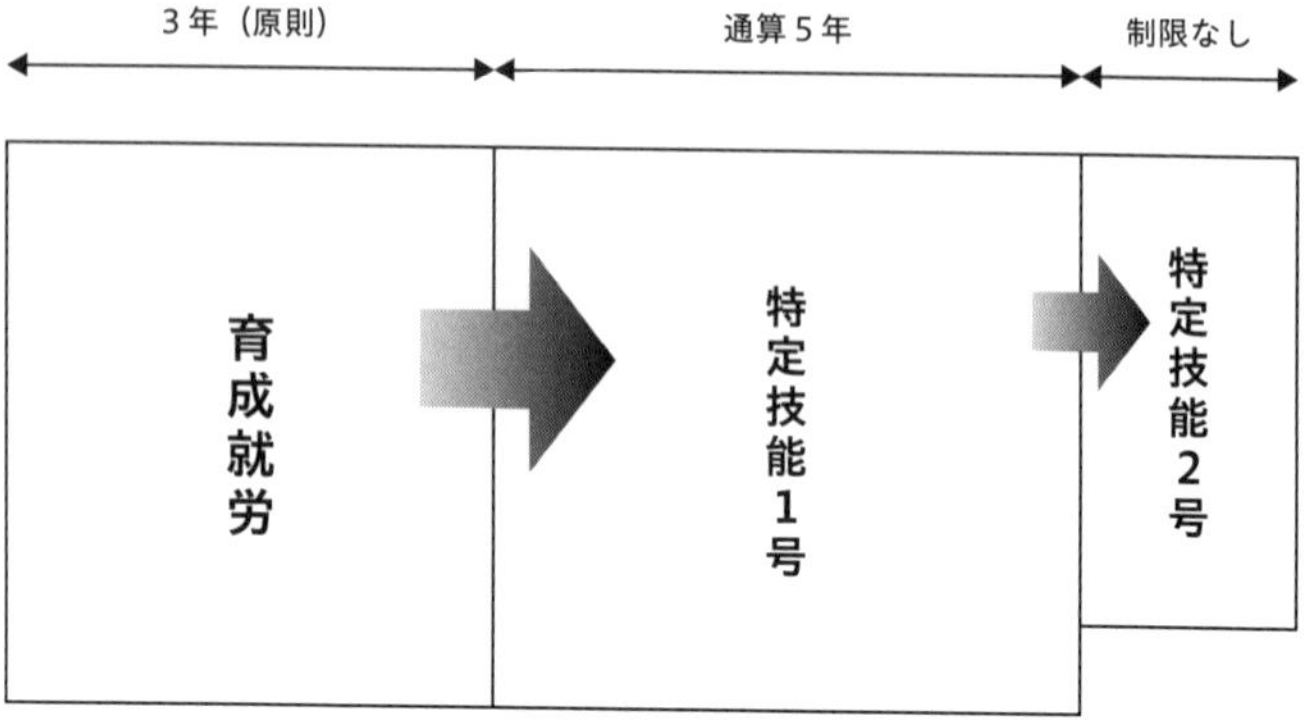

※特定技能1号は「試験ルート」での在留資格取得も可能。

留期間に上限がなく何度も更新が可能なうえ、要件を満たせば永住権の申請・取得もできる。加えて家族の帯同も可能になることから、事実上の「移民」ととらえる向きも多い（第2話参照）。

一号の在留資格保持者が今後、徐々に満期を迎えるのを見越して、政府は二〇二三年六月に二号の対象として農業、漁業、宿泊業、飲食料品製造業、外食業など新たに九つの分野の追加を発表している。さらに二〇二四年三月に行われた先述の閣議では、自動車運送業（バスやタクシー、トラックの運転手など）、鉄道（運転士・車掌など）、林業、木材産業の四分野を、特定技能に追加することを決定（受け入れは一号のみ）。特定技能全体の受け入れ人数の上限は、二〇二四年度から五年間で従来の二・五倍に迫る八二万人に設定された。

育成就労から特定技能へのスムーズな移行、受け入れ対象と人数の拡大、実質的な移民に相当する特定技能二号の〝門戸開放〟――。これらが意味しているのは、日本の社会を支える外国人労働者が、この先ますます増えるということだ。この程度のことは、専門家でなくても誰もが予測できるはずだ。

基本的には育成就労で三年、特定技能一号で五年、計八年の就労を経て特定技能二号に移行する資格を得ることになる（図9―2／ただし、試験に合格するなどの条件を満たせば、より早く移行することも可能）。家族帯同が可能になるまで八年、その間もしも妊娠したら、実質的には次の選択を迫られることになる。

①仕事を辞めて母国（または日本）で出産する。
②子どもを母国の親などに預けて、仕事を続ける。
③中絶して仕事を続ける。

仕事か、子育てか。どちらかを諦めなければいけないのは、日本に生まれ育った女性でさえ、いまだそうなのかもしれない。しかし、より弱い立場といえる外国人労働者の女性は、価値観や常識、周囲の同調圧力以前に、制度としてどちらも選び取ることが許されていないのだ。

二〇代、三〇代の出産適齢期の女性にとって、八年という歳月はあまりに長い。

家族帯同が可能な特定技能二号の枠が増えることは、人道的な対策にも見える。しかし、両親ともに外国人、あるいはシングルマザーの外国人が、日本で出産することや、働きながら子育てをしていくことには、いくつものハードルが待ち受けている。出産育児一時金のような公的サービスを利用する際の行政とのやり取り、病院への入退院の手続き、託児所や保育園探し、子どもが病気やケガをしたときの対応……。外国人労働者の妊娠、出産、育児にまつわる国の支援は手薄なまま、家族帯同の制限を緩和して表面を取りつくろっても、転籍制限の緩和と同様、新たな問題が山積するのは必至だろう。

「新制度に移行したら、『ともいき』さんは今まで以上に忙しくなりますね」

支援活動でお世話になっている弁護士など、事情を知っている人たちからはこんなふうに皮肉を言われる。現時点で公表されている新制度の方針を見る限り私自身もそ

富山県に新設したシェルター。

う思うし、来たるべきときに備えて富山県に新たなシェルターも用意し、すでに受け入れも行っている。しかし、私たちだけでできることは限られている。

体裁だけを整えて、もしものときのサポート体制や救済措置が手薄なままでは、状況は改善されるどころか、さらなる問題が出てくるだろう。そのことを政府はどう考えているのか、私たちは一支援団体として問うていきたい。

新制度を看板の掛け替えにすぎないと考えるのは、以上のような理由だ。

もう見て見ぬふりはできない

とはいえ、悲観してばかりではいられない。

今はまだ新制度の大枠ができた段階なので、これからいくらでも中身を整えていけるのは希望ともいえる。私たちにできるのは、制度としての支援体制の充実を訴え続けること、また今まで通り、不当に扱われている外国人労働者に手を差し伸べることだ。妊娠出産案件に限っていえば、制度を利用して日本に夢や目標を持って働きにきた女性が、その途中で妊娠というごく自然なライフステージを迎えたとき、中絶を強要されたり、退職や強制帰国を促されたりしたら、即刻阻止すること。そんな権利は誰にもないのだと、関係機関に知らしめること。そして、自分の意思で産むか産まないかを選択して、仕事を続けていく支援をすることだ。制度の改正により、今後は育児に関する支援や、家族単位のサポートも増えてくるだろう。

受け入れ企業、監理支援機関、登録支援機関、外国人育成就労機構、入管まで巻き込んで、前例をひとつずつ地道につくっていくことで、「産めない」「仕事を続けられない」というこれまでの〝常識〟を覆していくしかない。

直接的に関わっていなくても、日本で暮らしているのであれば、外国人労働者が置かれているこうした境遇は他人事ではない。自分の目の前で起こっているわけではないから、個人では何も解決できないからと見て見ぬふり、気づかないふりをし続けていい時代ではもうないはずだ。

人間の営みとして、権利として当たり前のことが、真の意味で当たり前に享受できるようになるために、どんなにうるさがられようが、厄介に思われようが、声を上げ、働きかけていくしかない。

もう決して、悲劇を繰り返してはいけない。

あとがき

アフターコロナといわれるようになった現在も、私は相変わらず、妊娠・出産を理由に働く権利を脅かされているベトナム人女性を支援するために、日夜全国を走り回っている。

とはいえ、本書で紹介したコロナ禍中の事例とは、支援内容が少しずつ変わってきた。特定技能の在留資格を持つ妊婦からの相談が急増しているのだ。その要因としては、二〇一九年の新設当初は少なかった特定技能外国人が、技能実習からの移行も含めて年々増加していることが挙げられる。

技能実習生は「自分は〝短期出稼ぎ労働者〟だ」という意識が強い。だから三年なら三年、期間限定で一生懸命働いて、稼げるだけ稼ごうと考えており、そのことが彼らのモチベーションとなっている。それに対して特定技能の人たちは、日本で働くことをより長いスパンでとらえている。当然その延長線上には、結婚して家庭を築くこと、子どもを育てることなども見据えているだろう。技能実習だったら三年だから我慢できたことも、特定技能の場合はそうもいかない。

特定技能の外国人は、日本に来て日が浅い技能実習生と違って、日本の法律や制度もそれなりに知っていたりする。出産や復職ができた前例は、ＳＮＳのコミュニティなどでどんどん共有されている。だから、彼らと関わる人や組織もいい加減、意識改革をしていかなければならない。そしてそれは、いまだ我慢を強いられている技能実習生に対しても同様だ。

こうした事実を多くの人に知ってほしくてまとめた本書は、支援と同様、私だけの力では形にならなかった。

まず、私を〝仏縁〟でこの世界に導いた父・吉水大智にお礼を言いたい。父は、本の制作を進めていた二〇二三年九月一〇日に八三歳で亡くなった。父はここ十数年、体の具合があまりよくなかったのだが、「ベトナムの暖かい気候が合うから」と療養も兼ねて、元気な頃と変わらずにベトナムと日本を行き来していた。コロナ禍で国際便が飛ばなくなる直前に渡越して、こちらの心配をよそに向こうで穏やかに過ごしていたのは、いかにも父らしい。本当に最期までベトナムと日本をつなぐことに心血を

注いだ人だった
日越ともいき支援会の日本人、ベトナム人スタッフ、顧問の方々がいなければ、ここに記された支援そのものが成り立たなかった。特に本書にも登場する斉藤善久先生によるる、煩雑な法律面へのアドバイスがなければ、ときに一刻を争う支援は幾度となく行き詰まっていただろう。連合東京（日本労働組合総連合会東京都連合会）と「連合ユニオン東京・ともいき支援ユニオン」を結成できたことも、強力な後押しとなっている。
そして自らの体験、場合によってはつらいエピソードを本に掲載することを了承してくれた、ベトナム人のみなさんにも感謝の気持ちを伝えたい。
編集を担当した集英社インターナショナルの中矢俊一郎さん、構成を担当したライターの兵藤育子さん、一緒に本を作ってくれてありがとう。

最晩年の父・吉水大智。

最後にもう一度だけ。

本に記した出来事は、遠い場所、知らない場所で起こっていることではありません。

私たちが快適に暮らしている社会が〝表〟とするならば、快適さを維持するために〝裏〟では、いまやたくさんの外国人が働いています。その外国人が晒されている現実から目をそらし、関心の外に追いやるのは、もう終わりにしませんか。

最後まで読んでいただき、ありがとうございます。

二〇二四年九月　吉水慈豊

註記

はじめに

＊1 「『帰国させられてしまう』乳児遺棄あいつぐ、技能実習生を追いつめる根深い課題」弁護士ドットコムニュース二〇二〇年五月一九日配信。https://www.bengo4.com/c_16/n_11229/

＊2 「また起きた出産めぐる事件 ベトナム人技能実習生の〝特有の事情〟とは…」RCC中国放送サイト二〇二三年四月二〇日配信。https://newsdig.tbs.co.jp/articles/rcc/445618?display=1

＊3 「死産双子を『遺棄』、ベトナム人元技能実習生に逆転無罪判決 最高裁」朝日新聞デジタル二〇二三年三月二四日配信。https://digital.asahi.com/articles/ASR3Q5G6YR3KUTIL00V.html

＊4 「妊娠隠して来日・出産 赤ちゃんの遺体遺棄事件 ベトナム人技能実習生の女(19)を逆送『日本語能力低く 更生援助は困難』広島家裁」RCC中国放送サイト二〇二三年六月二日配信。https://newsdig.tbs.co.jp/articles/-/519856

＊5 「下水道に乳児の遺体遺棄疑い、ベトナム国籍の21歳母逮捕 技能実習生、『怖くて、怖くて、こんなことした』」神戸新聞NEXT二〇二三年五月二八日配信。https://www.kobe-np.co.jp/news/backnumber2/202305/0016410600.shtml

＊6 「赤ちゃん遺棄事件の福岡のベトナム人実習生 初公判で無罪主張」NHK福岡NEWS WEB二〇二四年五月一四日配信。https://www3.nhk.or.jp/fukuoka-news/20240514/5010024297.html

第2話

＊1 「技能実習制度の運用に関するプロジェクトチームの調査・検討結果 概要」出入国在留管理庁サイト二〇一九年三月二八日発表。https://www.moj.go.jp/isa/content/930004164.pdf

＊2 「技能実習生の支払い費用に関する実態調査について(結果の概要)」出入国在留管理庁サイト

二〇二三年七月二六日発表。 https://www.moj.go.jp/isa/content/001377366.pdf

＊3 「2022年版家計生活水準調査結果を公表、所得上昇で食生活に変化（ベトナム）」日本貿易振興機構（ジェトロ）サイト二〇二三年五月一九日配信。 https://www.jetro.go.jp/biznews/2023/05/33843ddcc522eb12.html

第4話

＊1 「雇用はサービス業中心に微増、平均月収の増加続く（ベトナム）」日本貿易振興機構（ジェトロ）サイト二〇二二年七月一五日配信。 https://www.jetro.go.jp/biznews/2022/07/5d6e53bdb7a83f28.html

第8話

＊1 「技能実習生に避妊処置勧奨 ベトナムの送り出し機関」共同通信二〇二四年一月二一日、「国内機関も妊娠制限指導 特定技能、外国人材の権利軽視」共同通信二〇二四年一月二一日配信。 https://www.47news.jp/10420550.html　https://www.47news.jp/10424676.html

参考文献

・澤田晃宏『ルポ 技能実習生』ちくま新書、二〇二〇年
・澤田晃宏『外国人まかせ 失われた30年と技能実習生』サイゾー、二〇二三年
・NHK教育テレビ『ETV特集』「消えた技能実習生」二〇二一年年一一月二〇日放送
・NHK総合テレビ『NHKスペシャル』「夢見た国で～技能実習生が見たニッポン～」二〇二二年六月一二日放送

NPO法人 日越ともいき支援会

〒108-0073 東京都港区三田4-18-14-102号室
TEL 03-6277-1193　FAX 03-6277-1169　https://nv-tomoiki.or.jp/

悩んだら 困ったら すぐにお問い合わせください

☎24H 03-6277-1193

会員募集

当法人の活動は、会員皆様のご寄付に支えられております。
共に問題意識を持ち、活動をサポートしていただける会員の皆様を募っております。

個人賛助会員	年会費	1口	5,000円
法人賛助会員	年会費	1口	50,000円
ご寄付		1口	10,000円

ご寄付のお願い

日越ともいき支援会では、より多くのベトナム人の
チカラになれる活動を継続するため、寄付を受け付けております。
皆様からの温かいご支援をお待ちしております。

スマホで完結!
ご寄付の窓口はこちら

口座のご案内

ゆうちょ銀行	記号:11300	番号:02576311
りそな銀行	店名:麻布支店(700)	番号:普通 1865365
ゆうちょ口座	店名:一三八(138)	番号:普通 0257631

SNS

Facebook

YouTube

TikTok

吉水慈豊

よしみず・じほう

NPO法人日越ともいき支援会代表理事／浄土宗僧侶

1969年、埼玉県出身。大正大学を卒業後、1996年に浄土宗の伝宗伝戒道場を成満し、僧侶となる。日本に在留するベトナム人技能実習生·留学生などが若くして命を落とすことに憤りを感じ、2013年に日越ともいき支援会を設立し、その命と人権を守る支援活動を開始する。ベトナム人技能実習生·留学生の増加にともない、劣悪な環境に置かれている彼らからの相談が急増。活動は住居の確保、帰国困難な若者たちの保護、労使交渉、妊産婦支援などにまで及び、当会は2020年に東京都より非営利活動法人として認可された。本書が初の著書。

妊娠《にんしん》したら、さようなら

――女性《じょせい》差別《さべつ》大国《たいこく》ニッポンで苦《くる》しむ技能実習生《ぎのうじっしゅうせい》たち

2024年10月9日　第1刷発行

著　者　吉水慈豊《よしみずじほう》

発行者　岩瀬 朗

発行所　株式会社 集英社インターナショナル
〒101-0064 東京都千代田区神田猿楽町1-5-18
電話　03-5211-2632

発売所　株式会社 集英社
〒101-8050 東京都千代田区一ツ橋2-5-10
電話　03-3230-6080（読者係）
03-3230-6393（販売部）書店専用

印刷所　TOPPAN株式会社

製本所　ナショナル製本協同組合

ISBN978-4-7976-7452-1 C0036